2000 MOST COMMON SPANISH WORDS IN CONTEXT

Get Fluent & Increase Your Spanish Vocabulary with 2000 Spanish Phrases

Spanish Language Lessons Mastery

ISBN-13: 978-1986340236
Copyright © 2018 by Lingo Mastery
ALL RIGHTS RESERVED

No part of this book may be reproduced, stored in a retrieval system, or transmitted in any form or by any means, electronic, mechanical, photocopying, recording, scanning, or otherwise, without the prior written permission of the publisher.

FREE SPANISH VIDEO COURSE

LEARN OVER 200 USEFUL WORDS AND PHRASES IN SPANISH

We've made this video course free,
with you as learner in mind.
You will learn how to say and pronounce
over 200 useful phrases in Spanish.

Get it while it's available at

www.LingoMastery.com/freespanish

INTRODUCTION

Learning a new language can be compared to starting to swim as a child; it's actually one of the best analogies you can make about it. At first, you'll stand on the shore or the edge of the pool and look at that great mass of liquid, wondering just how you're going to start. After all, if you don't get it right, you'll start drowning and your interest in learning probably won't last much longer after that. So you wait patiently and lick your lips in anticipation.

Finally, you dare to make a move and jump inside. What you do next will decide just what kind of a person you are.

I use this comparison because many people are too afraid to dare to jump into that pool and take a chance at learning a new tongue — a language that can open new doors for you in your future and become a tool that you'll use to communicate with an entirely fresh community.

There are over 570 million Spanish (Castilian) speakers in the world; four continents with nations that speak Spanish as a native language (twenty-one nations to be precise), and many of the biggest companies in the world will value a worker that speaks two languages and is able to travel to different places in the world — remember that there is a strong oil and gas presence in Latin America and many of the biggest-paying companies are involved in the extraction and processing of both resources!

If you've picked this book up, you have already made good progress in learning the language. This book can give you an incredible tool in learning the Spanish language: *vocabulary*. Now you've just got to learn how to use it.

What this book is about and how to use it:

When I began to teach Spanish in personal, one-to-one lessons several years ago, I remember that I used the same system I'd learned while working at a Spanish school: to teach every single aspect of grammar — the alphabet, nouns, adjectives and so many other things that eventually overwhelmed several of my students and left them dumbfounded. Soon, I learned that I wasn't doing it right and that I was failing my students. While an institute can get away with making you return every single week for a long, boring class about how verbs work, most people who learn Spanish (or any language) in an unofficial manner simply want to know the most important thing:

They want to expand their vocabulary.

There are hacks to learning every language, but learning the vocabulary is a surefire way of speeding up your learning of a new tongue. Just look at these three amazing stats found in a study done in 1964:

1. *Learning the first thousand (1000) most frequently used words of a language will allow you to understand 76.0% of all non-fiction writing, 79.6% of all fiction writing and an astounding 87.8% of all oral speech.*
2. *Learning the top two thousand (2000) most frequently used words will get you to 84% for non-fiction, 86.1% for fiction, and 92.7% for oral speech.*
3. *Learning the top three thousand (3000) most frequently used words will get you to 88.2% for non-fiction, 89.6% for fiction, and 94.0% for oral speech.*

Just look at those stats and imagine what you could do with this book once you've thoroughly read and practiced what it contains? We're providing you with two thousand of the most frequently used words — equivalent to an understanding of 92.7% of oral speech!

We achieve this not only by giving you a long list of words; there must be context to allow the words to sink in, and we provide that. Each of the terms will be listed with its translation in English and two example sentences, one in each language, allowing you to study the use of each word in a common, accessible manner. We have ordered the terms in their largest number of occurrences in common media, allowing you to begin with the simplest and most regularly-used words first before moving on to the less-used ones.

So now, do you need anything else while reading this book? Yes, you may, as always. There are hundreds of thousands of more words out there, but these will certainly give you a head-start on learning the language and getting closer to mastering it.

Recommendations for readers of *2000 Most Common Words in Spanish*:

Although we'd love to begin right away with helping you learn the vocabulary we've provided in this book, we've got a few tips and recommendations for getting the most out of this book:

1. An example you read can be transformed into an example you write. Why not try to practice the words we provide you by using them in your own sentences? If you can master this, you will not only be practicing your vocabulary, but also the use of verbs, nouns and sentences in general.
2. Why limit yourself to 2000 words? While you're reading this book, you can always find 2000 more *not-so-frequently-used* words and practice them as well!
3. Grab a partner or two and practice with them. Maybe it's your boyfriend/girlfriend, your roomie or even your parents; learning in groups is always easier than learning alone, and you can find somebody to practice your oral speech with. Just make sure they practice as hard as you do, since you don't want a lazy team-mate here!

4. Use the vocabulary you've learned to write a story and share it with others to see how good (or bad) it is! Find help from a native speaker and let them help you improve.

IMPORTANT NOTE: All words in Spanish are inherently *Masculine* or *Feminine,* due to grammatical rules used in the language. Even so, there are many words that can be applied to both genders and which are more or less neutral for your use. However, there are some words that may *only* apply or be used for male or female subjects, or are collective nouns that *must* include a masculine subject within them (for example **Niños - Children**, where at least one male must be present unless you mean to write **Niñas**). In these cases, and where the word isn't blatantly masculine or feminine (Such as in the case of **Hermana – Sister** and similar words), I've made sure to put *(Masculine)* or *(Feminine)* after the English translation to save you any embarrassments. Make sure to take this into account when you use the words in the future. It would be silly for a man to describe himself as **Bonita – Pretty,** or a woman to say that she's **Bravo – Angry!**

One more thing before you start your journey to become fluent in Spanish. We have made a free video course for you, teaching over 200 useful words and phrases in Spanish. Because it's a video, you will find it easy to learn pronunciations and it's been narrated with you in mind. You can get it by going to:

www.LingoMastery.com/freespanish

Now, without further ado, we can finally commence our great lesson! It's time for you to learn Spanish, beloved reader!

Good luck!

THE 2000 MOST COMMON WORDS IN SPANISH

Hello again, reader. As I previously stated in the **Introduction,** the words have been arranged by their frequency of use in common media, such as films, series and books. Feel free to rearrange them during your practice to make things interesting.

You will be provided with a **word,** a **translation of said word** and **two examples** of the term given. It's as easy as that. At the end of the book you'll also be given a **list of all the terms** to refresh your memory.

Let's begin:

1- De – *From*

Él es **de** la ciudad de Nueva York.
He is **from** New York City.

2- Que – *That*

Esa es la chica **que** me gusta, se llama Ángela.
That is the girl **that** I like, her name is Angela.

3- No – *No/Don't*

No hagas eso, **no** me gustan esas cosas.
Don't do that, I **don't** like those things.

4- A – *To*

Vámonos; quiero ir **a** otro lugar mejor.
Let's go; I want to go **to** a better place.

5- La – *The (Feminine)*

Andrea es **la** estudiante más inteligente y además **la** mejor hermana.
Andrea is **the** smartest student as well as **the** best sister.

6- El – *The (Masculine)*

El verano es definitivamente **el** momento más caluroso del año.
Summer is definitely **the** hottest time of the year.

7- Y – *And*

Los niños **y** las niñas disfrutaron mucho del paseo al zoológico **y** al parque.
The boys **and** girls really enjoyed the trip to the zoo **and** the park.

8- Es – *Is*

Mi problema no **es** mi trabajo; mi problema **es** lo lejos que queda.
My problem **is** not my job; my problem **is** how far it is.

9- En – *In*

Estoy feliz: conseguí helado **en** la nevera y galletas **en** la despensa.
I'm happy: I found ice cream **in** the fridge and cookies **in** the pantry.

10- Lo – *The/Him/It (Masculine)*

Lo echaron a la calle. Creo que no debieron hacer**lo**.
They threw **him** out on the street. I think they shouldn't have done **it**.

11- Un – *A/An (Masculine)*

Un niño se acercó a mí con **un** animal en sus brazos.
A youngster approached me with **an** animal in his arms.

12- Por – *By*

Él fue escogido para el equipo **por** el entrenador.
He was chosen for the team **by** the trainer.

13- Qué – *What*

¿**Qué** motivo tienes para hacer todo esto?
What reason do you have for doing all of this?

14- Me – *I/Me*

Me parece que no deberías gritar. **Me** merezco respeto.
I think you shouldn't scream. I deserve respect.

15- Una – *A/An (Femenine)*

Mi mamá es **una** persona que cuida a los suyos.
My mother is **a** person that takes care of her own.

16- Te – *You*

Es algo que **te** enseñé cuando eras pequeño.
It's something that I taught **you** when you were small.

17- Se – *He/She/It (Neutral Gender)*

Se cayó por el acantilado; no pudo salvar**se**.
He/She/It fell off the cliff; **he/she/it** couldn't save itself.

18- Los – *The (Plural Masculine)*

Los niños han estado jugando todos **los** días.
The children have been playing every day.

19- Con – *With*

Por favor, me da una hamburguesa **con** queso y papas fritas.
Give me a cheeseburger **with** fries, please.

20- Para – *For*

Aquí tengo un regalo **para** mí y otro **para** ti.
Here I have a gift **for** me and another **for** you.

21- Mi – *My*

Mi carro está estacionado ahí.
My car is parked there.

22- Está – *Is*

¿Dónde **está** tu hermano, Carlos?
Where **is** your brother, Carlos?

23- Si – *If*

Si tienes hambre, hay pollo en la nevera.
If you're hungry, there's chicken in the fridge.

24- Sí – *Yes*

Sí, señor, acá tenemos una mesa para usted y su familia.
Yes, sir, we have a table over here for your family and yourself.

25- Pero – *But*

Ella era muy amorosa, **pero** aún estaba dolida.
She was very loving, **but** she was still in pain.

26- Las – *The (Plural Femenine)*

Las hermanas eran muy unidas y se contaban todo.
The sisters were very close and told each other everything.

27- Bien – *Alright/All right*

Por suerte, todo en la casa seguía **bien**.
Luckily, everything at home was still **all right**.

28- Yo – *I*

Yo quiero lograr todo lo que me propongo.
I want to achieve everything **I** set out to do.

29- Su – *His/Her/Its*

El carro ya no anda; **su** motor está dañado.
The car no longer works; **its** engine is damaged.

30- Eso – *That*

¡Ya deja **eso**! ¡Te lo he dicho mil veces!
Stop **that** already! I've told you a thousand times!

31- Aquí – *Here*

Yo nunca he estado **aquí** antes, ¿de qué hablas?
I have never been **here** before, what are you talking about?

32- Del – *Of the/From*

Dicen que esas tormentas provienen **del** Caribe.
They say that those storms come **from** the Caribbean.

33- Al – *To the/At the*

Tenemos que ir **al** gimnasio; ya nos estamos poniendo gordos.
We have to go **to the** gym; we're getting fat.

34- Como – *As/Like*

Esto tiene que seguir **como** si nada hubiese pasado.
This has to continue **as** if nothing had happened.

35- Le – *Him/Her/It*

Le fui a dar un abrazo, pero ella no quiso recibirlo.
I went to give **her** a hug, but she rejected it.

36- Tu – *Your*

Tienes que hacer algo por **tu** problema de memoria.
You have to do something about **your** memory problem.

37- Más – *More*

¡Basta! ¡Ya no quiero vivir **más** en esta casa!
Enough! I don't want to live in this house any**more!**

38- Todo – *All/Everything*

Por favor, te comes **todo** lo que tienes en frente.
Please, eat **everything** you have on your plate.

39- Ya – *Already/Now*

Disculpa, no esperaba que **ya** estuvieras aquí.
I'm sorry; I didn't expect you to be here **already.**

40- Muy – *Very*

Tu hijo ha crecido bastante, ¡está **muy** grande!
Your son has grown a lot, he's **very** big!

41- Esto – *This*

Pienso que **esto** ya parece ser un problema de todos.
I think that **this** looks like it's a problem for everybody.

42- Vamos – *Come on/We're going*

Si seguimos como **vamos,** esto no acabará bien.
If we continue as **we're going,** this won't end well.

43- Ha – *Has*

Este **ha** sido el día más aburrido y absurdo del año.
This **has** been the most boring and absurd day of the year.

44- Ahora – *Now*

¡Quiero que venga **ahora** mismo para hablar con él!
I want him to come right **now** so that I can speak to him!

45- Esta – *This (Femenine)*

Esa me había gustado, pero **esta** me gusta más.
I had liked that one, but I like **this** one more.

46- Hay – *There is/There are*

Hay personas que no quieren que estemos juntos, ¿sabes?
There are people that don't want us to be together, you know?

47- Estoy – *I am*

Lo que no entienden es que **estoy** ocupado ahora.
What they don't get is that **I am** busy right now.

48- Algo – *Something*

Si tienes **algo** que decir, mejor hazlo ahora.
If you have **something** to say, best say it now.

49- Tú – *You*

Tú eres la culpable de que esto haya ocurrido.
You are the culprit of all of this.

50- Tengo – *I have*

Lo que no saben es que **tengo** un plan secreto.
What they don't know is that **I have** a secret plan.

51- Así – *Like that*

No es justo que te comportes **así** conmigo.
It's not fair that you behave **like that** with me.

52- Nada – *Nothing*

Cuando llegué, descubrí que no había quedado **nada.**
When I arrived, I discovered that **nothing** remained.

53- Nos – *We/Us*

Nos han estado pidiendo mucho dinero últimamente.
They have been asking for a lot of money from **us** lately.

54- Cuando – *When*

Sólo llámame **cuando** me necesites y yo vendré corriendo.
Just call me **when** you need me and I'll come running.

55- Cómo – *How*

Mi mama quiere saber **cómo** fue que hiciste este desastre.
My mother wants to know **how** it was you did this disaster.

56- Él – *He*

Él era un chico de la ciudad, ella una sencilla campesina.
He was a big city boy, she a simple peasant.

57- Sé – *I know*

Sé que las cosas en este país han cambiado.
I know that things in this country have changed.

58- Estás – *You are/You're*

Aún espero que me digas que **estás** bromeando.
I'm still waiting for you to tell me that **you're** joking.

59- Sólo – *Alone (Masculine)*

Por favor, me gustaría que no me dejes **sólo.**
Please, I'd like it if you didn't leave me **alone.**

60- O – *Or*

Me pusieron a escoger entre comer pollo **o** carne.
They made me pick between eating chicken **or** meat.

61- Quiero – *I want*

Lo que pasa es que **quiero** tenerlo todo.
The thing is **I want** to have it all.

62- Este – *This*

Ha habido momentos incómodos, pero **este** supera a todos.
There have been awkward moments, but **this** one surpasses them all.

63- Tiene – *Has*

El niño **tiene** fiebre alta, abrígalo.
The child **has** a high temperature, cover him up.

64- Gracias – *Thank you*

Por todo lo que has hecho: ¡**gracias**!
For everything that you've done: **thank you**!

65- He – *I have/I've*

He estado pensando, y tienes razón.
I've been thinking, and you're right.

66- Puedo – *I may/I can/May I/Can I*

Puedo ir? Sí, creo que **puedo**.
May I go? Yes, I believe I **may**.

67- Bueno – *Good/Well*

Bueno, no todo pudo ser tan **bueno** como creíamos.
Well, not everything turned out as **good** as we thought.

68- Soy – *I am*

Por todo lo que hice, **soy** un estúpido.
For everything that I did, **I'm** an idiot.

69- Era – *Was*

El esperaba volver a ser lo que **era** antes.
He hoped to return to being what he **was** before.

70- Ser – *Be*

Siempre he querido **ser** un millonario.
I've always wanted to **be** a millionaire.

71- Vez – *Time*

Bueno, esperemos que sea la última **vez** que pase.
Well, let's hope it's the last **time** it happens.

72- Hacer – *Do*

Tanto que **hacer** y tan poco tiempo para hacerlo.
So much to **do** and so little time to **do** it.

73- Todos – *Everybody/All*

¿Por qué **todos** nos miran con esa cara?
Why are they **all** looking at us like that?

74- Ella – *She/Her*

Es la primera vez que hablo con **ella**.
It's the first time I've spoken to **her**.

75- Son – *They are*

¿Piensas que ellos **son** los involucrados en esto?
Do you think that **they are** the ones involved in this?

76- Fue – *It was*

Creo que **fue** una hermosa experiencia para todos.
I think **it was** a beautiful experience for all.

77- Eres – *You are*

Para mí **eres** lo más bello que existe.
To me **you are** the most beautiful thing that exists.

78- Usted – *You (Formal)*

¿**Usted** piensa que las cosas puedan mejorar acá?
Do **you** believe that things can improve here?

79- Tienes – *You have*

A veces solo **tienes** que creer y confiar en ti mismo.
Sometimes **you** only **have** to trust and believe in yourself.

80- Puede – *Can*

Si se **puede** lograr si te lo propones.
You **can** accomplish it if you put your mind to it.

81- Señor – *Sir/Gentleman*

Señor, ¿me puede decir la hora, por favor?
Sir, could you give me the time, please?

82- Ese – *That*

Quisiera saber si alguna vez **ese** hombre te ha saludado.
I'd like to know if **that** man has ever said hello to you.

83- Voy – *I'm going*

Te escribo para decirte que **voy** a visitarte pronto.
I'm writing to let you know **I'm going** to visit you soon.

84- Quién – *Who*

¿Será que podrán decirme **quién** fue el culpable?
Can somebody tell me **who** the culprit is?

85- Casa – *Home*

Ya es tarde; quiero irme a **casa** a descansar.
It's late; I want to go **home** to rest.

86- Creo – *I believe*

Yo no **creo** que las cosas estén tan grave así.
I don't **believe** that things are that bad.

87- Porque – *Because*

No he ido más **porque** tengo una semana enferma.
I haven't gone anymore **because** I've been sick for a week.

88- Tan – *So*

Hay cosas que son **tan** obvias que son imposibles de negar.
There are things **so** obvious that they cannot be denied.

89- Favor – *Favor*

Si yo te pidiera un **favor**, ¿lo harías?
If I asked you to do me a **favor**, would you do it?

90- Hola – *Hello*

Hola a todos, ¡espero que estén bien!
Hello everybody, I hope you're all okay!

91- Dónde – *Where*

¿**Dónde** están las personas que dudaron de nosotros?
Where are the people who doubted us before?

92- Nunca – *Never*

Era algo que **nunca** había visto en su larga vida.
It was something he had **never** seen in his long life.

93- Sus – *Their*

Habían conseguido **sus** primeros éxitos con el proyecto.
They had found **their** first successes with the project.

94- Sabes – *You know*

A veces **sabes** que las cosas están mal por instinto.
Sometimes **you know** things are bad just by instinct.

95- Dos – *Two*

Yo tenía **dos** razones para quedarme y cien para irme.
I had **two** reasons to stay and a hundred to leave.

96- Verdad – *True/Truth*

La **verdad** es que ya el mundo no es el mismo.
The **truth** is that the world is no longer the same.

97- Quieres – *You want*

Ojalá pudieras decirme qué es lo que **quieres**.
If only you could tell me what it is **you want**.

98- Mucho – *A lot/Plenty*

En la vida moderna hay poco amor y **mucho** conflicto.
In modern life there is little love and **a lot of** conflict.

99- Entonces – *So/Therefore*

Entonces, a partir de ese momento todos lo respetaron.
Therefore, from that moment onwards everybody respected him.

100- Estaba – *Was*

Esa noche, él **estaba** manejando el auto.
That night, he **was** driving the car.

101- Tiempo – *Time/Weather*

No sé si salir hoy, el **tiempo** está muy feo.
I'm not sure if I should go out today, the **weather** is ugly.

102- Mí – *Me*

Ellos siempre querían culparme a **mí** por lo que sucedía.
They always wanted to blame **me** for what happened.

103- Esa – *That (Femenine)*

Esa chica que ves allí es mi hermana mayor.
That girl you see over there is my eldest sister.

104- Mejor – *Best*

No quería ser bueno; quería ser el **mejor**.
I didn't want to be good; I wanted to be the **best**.

105- Hombre – *Man*

Llega un momento en que todo niño se convierte en **hombre**.
There is a moment in which every child becomes a **man**.

106- Hace – *Does*

Si yo no lavo los platos, mi hijo tampoco lo **hace**.
If I don't wash the plates, my son **does** not do it either.

107- Va – *Goes/Going*

El chico **va** camino a su nuevo hogar.
The boy is **going** towards his new home.

108- Dios – *God*

La mujer pensó que eso sólo podía ser obra de **Dios**.
The woman believed that it could only be **God's** will.

109- También – *Also/As well*

Trae unas naranjas, y unas manzanas **también**.
Bring some oranges and some apples **as well**.

110- Has – *Have*

Has sido la persona más importante de mi vida.
You **have** been the most important person in my life.

111- Vida – *Lifetime*

Nunca había pensado tener un trabajo así en mi **vida**.
I had never thought of having a job like this in my **lifetime**.

112- Sin – *Without*

Quiero poder salir **sin** tantas restricciones.
I want to go out **without** so many restrictions.

113- Están – *They are*

Su papa quiere saber dónde **están** sus llaves del auto.
Your dad wants to know where the car keys **are**.

114- Ver – *See*

Me van a llevar a **ver** una película en el cine.
They're taking me to **see** a movie at the cinema.

115- Sr. – *Mr.*

Sr. Pérez, bienvenido a su nuevo cargo.
Mr. Perez, welcome to your new job.

116- Siempre – *Always*

Me molesta que **siempre** llueva cuando quiero salir.
It annoys me that it **always** rains when I want to go out.

117- Oh – *Oh*

Oh, Daniel, ¡me asustaste! Deberías tocar la puerta.
Oh, Daniel, you scared me! You should knock on the door.

118- Hasta – *Until*

¡Esta fiesta continuará **hasta** que salga el sol!
This party goes on **until** the sun rises!

119- Tí – *You*

No, era imposible que yo me fuera sin **tí**.
No, it was imposible for me to leave without **you**.

120- Ahí – *There*

¡Ya te dije donde lo puse! ¡Lo puse **ahí**, sobre la mesa!
I already told you where I put it! I put it **there**, on the table!

121- Siento – *I feel*

A veces **siento** que la vida se pone en contra de mí.
Sometimes **I feel** life going against me.

122- Puedes – *Can*

Si dudas que **puedes,** quizás sea mejor dejarlo.
If you doubt that you **can,** maybe its best you leave it.

123- Decir – *Say*

No era lo que iba a **decir**, pero está bien.
It wasn't what I was going to **say**, but fine.

124- Ni – *Neither/Nor*

El no es **ni** famoso **ni** importante por aquí.
He is **neither** famous **nor** important around here.

125- Sobre – *On*

Hoy veremos un documental **sobre** los tiburones.
Today we'll watch a documentary **on** sharks.

126- Años – *Years*

Se sienten como **años** desde que nos vimos.
It feels like **years** since we last saw each other.

127- Tenemos – *Have*

Porque hay veces en las que **tenemos** que perdonar.
Because sometimes we **have** to forgive.

128- Uno – *One*

Uno es arquitecto de su propia vida.
One is the architect of one's own life.

129- Día – *Day*

Las cosas van mejorando **día** a **día**.
Things are improving **day** by **day**.

130- Noche – *Night*

Mi madre no me deja salir de **noche**.
My mother doesn't let me go out at **night**.

131- Cosas – *Things*

Todas estas **cosas** te las he dicho ya.
I've told you all of these **things** already.

132- Alguien – *Someone*

Si **alguien** me hubiese dicho antes, no hubiese ocurrido.
If **someone** had told me before, it wouldn't have happened.

133- Antes – *Before*

La nostalgia nos hace extrañar lo que teníamos **antes**.
Nostalgia makes us miss what we used to have **before**.

134- Mis – *My (Plural)*

¿Alguno de ustedes ha visto **mis** zapatos color rosa?
Have any of you seen **my** pink-colored shoes?

135- Ir – *Go*

Si no quieren, no tienen que **ir**.
If you don't want to, you don't have to **go**.

136- Poco – *Little*

Si quieres comer arroz, hay un **poco** en la olla.
If you want to eat rice, there is a **little** in the pot.

137- Otra – *Other (Feminine)*

Me parece hermosa esa chica, pero también me gusta esa **otra**.
That girl seems beautiful, but I also like the **other** as well.

138- Quiere – *Wants*

La gente ya no **quiere** esforzarse para conseguir algo.
People no longer **want** to work hard to achieve something.

139- Solo – *Alone*

Si quieres ve adelante con los demás; yo seguiré **solo**.
If you want, go ahead with the rest; I'll continue **alone**.

140- Nadie – *No one*

Nadie me ha hecho sentir tan mal como lo acabas de hacer.
Nobody has ever made me feel as bad as you have just done.

141- Nosotros – *We/Us*

Nosotros tenemos una amistad como nadie más.
We have a friendship like no other.

142- Padre – *Father*

Nunca pude conocer bien a mi **padre**.
I never got to know my **father** very well.

143- Gente – *People*

No, hijo, no te mezcles con esa **gente**.
No, son, don't get involved with those **people**.

144- Parece – *Seems*

Me **parece** que está comenzando a llover.
It **seems** to me that it's starting to rain.

145- Dinero – *Money*

Sin **dinero** no hay diversion, amigo.
Without **money** there's no fun, my friend.

146- Estar – *To be*

No sé si algún día pueda volver a **estar** ahí.
I'm not sure if someday I'll be able **to be** there again.

147- Hecho – *Done*

Me preguntó qué había **hecho** hoy.
He asked me what I had **done** today.

148- Les – *They*

Les dijeron donde era que tenían que ir.
They were told where they were supposed to go.

149- Mismo – *Same*

Sería bueno poder volver a ser el **mismo**.
It would be nice to be the **same** again.

150- Sea – *To be*

¡No **sea** un inútil y hágalo usted mismo!
Don't **be** useless and do it yourself!

151- Estamos – *We are*

Estamos en un lugar desconocido ahora.
We are in unknown territory right now.

152- Mira – *Look*

A veces siento que el chico nuevo me **mira** mucho.
Sometimes I feel that the new guy **looks** at me a lot.

153- Pasa – *Happens*

A veces **pasa**, pero debemos saber levantarnos.
Sometimes it **happens**, but we have to know how to get up.

154- Trabajo – *Job/Work*

¡Siento que el **trabajo** me volverá loco!
I feel that my **job** will drive me crazy!

155- Dijo – *Said*

Lo que él **dijo** es muy cierto.
What he **said** is very true.

156- Ellos – *They (Masculine)*

Ellos antes eran los mejores amigos del mundo.
They used to be the best friends in the world.

157- Vas – *You go*

¿Ahora **vas** a dejar las cosas así?
Now you're **going** to leave things like that?

158- Claro – *Clear*

Es **claro**, estás teniendo una aventura.
It's **clear**, you're having an affair.

159- Mañana – *Morning/Tomorrow*

Mañana en la **mañana** vamos a encontrarnos.
Tomorrow morning we're meeting.

160- Han – *They have*

Ellos **han** sufrido mil tragedias.
They have suffered a thousand tragedies.

161- Otro – *Other*

Puedes escoger entre este y el **otro**.
You can choose between this one and the **other**.

162- Después – *After*

La viste antes, pero tenías que verla **después**.
You saw her before, but you had to see her **after**.

163- Desde – *Since*

Desde que la situación se puso fea, muchos están desempleados.
Since the situation got ugly, many are unemployed.

164- Mundo – *World*

Su relación era la más especial del **mundo.**
Their relationship was the most special in the **world.**

165- Hablar – *Talk*

A veces lo mejor es **hablar** las cosas.
Sometimes the best is **talking** things through.

166- Tal – *Such*

Ella lo engañaba, **tal** cual le habían informado.
She was cheating on him; as **such** they had already informed him.

167- Había – *There was*

Entre ellos **había** un rencor bastante grande.
Between them **there was** a large amount of contempt.

168- Sabe – *Knows*

Ella **sabe** mucho más de lo que aparenta.
She **knows** much more than she looks like she does.

169- Acuerdo – *Agreement/Deal*

Me gustaría que nos pusiéramos de **acuerdo** en esto.
I'd like us to be in **agreement** in this.

170- Momento – *Moment*

Sólo pude disfrutar de su compañía un **momento.**
I could only enjoy her company for a **moment.**

171- Donde – *Where*

Este es el lugar **donde** nos conocimos, recuerdas?
This is the place **where** we met, remember?

172- Fuera – *Out*

Por favor, deja el perro **fuera** esta noche.
Please, leave the dog out tonight.

173- Hijo – *Son/Child*

Cuando sea mayor, quiero tener sólo un **hijo**.
When I'm older, I just want to have one **child**.

174- Podría – *Could*

Esto **podría** convertirse en un gran problema.
This **could** turn into a grave problem.

175- Seguro – *Sure/Certain*

Antes de que continuemos, quiero que estés **seguro**.
Before we continue, I want you to be **sure**.

176- Mujer – *Woman*

Es una **mujer** muy especial; soy afortunado.
She's a very special **woman**; I'm fortunate.

177- Amigo – *Friend*

¿Alguna vez has tenido un **amigo** como yo?
Have you ever had a **friend** like me before?

178- Días – *Days*

Odio tener que lavar platos todos los **días**.
I hate washing the dishes every **day**.

179- Madre – *Mother*

La persona que más me enseñó fue mi **madre**.
The person who taught me the most was my **mother**.

180- Allí – *There*

Ellos tienen mucha variedad **allí**.
They have a lot of variety **there**.

181- Cosa – *Thing*

Él es tan feo que lo llaman "la **cosa**".
He is so ugly that they call him "the **thing**".

182- Tus – *Your (Plural)*

Tus padres te están buscando para regañarte.
Your parents are looking for you to scold you.

183- Lugar – *Place*

Ya es hora de que me saques de este horrible **lugar**.
It's time for you to take me out of this horrible **place**.

184- Dice – *Says*

El sargento **dice** que debemos cubrir la zona.
The sergeant **says** that we should cover the area.

185- Gusta – *Like*

Hay algo que haces que no me **gusta**.
There's something that you do which I don't **like**.

186- Será – *Be (Future)*

Este año **será** lo que llaman "bisiesto".
This year will **be** what they call "a leap year".

187- Gran – *Great/Huge*

Tu novio es un **gran** patán.
Your boyfriend is a **huge** oaf.

188- Mierda – *Shit*

¡Este teléfono es una **mierda**!
This phone is a piece of **shit**!

189- Tenía – *Had*

Antes **tenía** más dinero, pero me quedé sin trabajo.
I **had** more money before, but I lost my job.

190- Mamá – *Mom*

Mi **mamá** siempre consigue las cosas.
My **mom** always finds everything.

191- Papá – *Dad*

Mi **papá** siempre nos ha protegido.
My **dad** has always protected us.

192- Espera – *Wait*

Lo más desesperante es la **espera**.
The most despairing part is the **wait**.

193- Hoy – *Today*

Hoy en las noticias: ¡un perro que baila!
Today on the news: a dog that dances!

194- Tener – *Have*

A veces quiero **tener** un millón de dólares.
Sometimes I want to **have** a million dollars.

195- Ven – *Come*

Por favor, amigo, **ven** para contarte algo.
Please, friend, **come** so that I can tell you something.

196- Buena – Good (Feminine)

Mi esposa es muy **buena** en lo que hace.
My wife is very **good** at what she does.

197- Estado – *State*

No quisiera ver más tu auto en ese **estado**, repáralo.
I wouldn't want to see your car in that **state** again, repair it.

198- Nuevo – *New*

¡Hey! ¿Tú eres el chico **nuevo?**
Hey! Are you the new kid?

199- Luego – Then/Afterwards

De acuerdo, creo que mejor nos vemos **luego.**
Well then, I think we better see each other **afterwards.**

200- Podemos – *We can*

Todo lo **podemos** lograr mientras estemos juntos.
We can accomplish everything as long as we're together.

201- Tres – *Three*

Te estoy diciendo que necesito **tres** tomates para hoy.
I'm telling you I need **three** tomatoes for today.

202- Dije – *Said*

¡Es tal cual como lo **dije!**
It's exactly as I **said!**

203- Nuestro – *Our*

Este amor es **nuestro** y lo haremos funcionar.
This love is **ours** and we'll make it work.

204- Sido – *Been*

Nunca he **sido** una persona muy valiente.
I have never **been** a very brave person.

205- Menos – *Less*

Si pudieras echarme **menos** arroz sería mejor.
If you could serve me **less** rice it would be better.

206- Debe – *Should*

Un buen ciudadano sabe lo que **debe** hacer.
A good citizen knows what he or she **should** do.

207- Tipo – *Guy*

No voltees, pero ese **tipo** nos está mirando.
Don't turn around, but that **guy** is staring at us.

208- Buen – *Good*

Él era **buen** esposo y mejor padre.
He was a **good** husband and a better father.

209- Conmigo – *With me*

Si vienes **conmigo**, te prometo la gloria.
If you come **with me**, I promise you glory.

210- Mal – *Wrong/Evil*

Hijo, manténte siempre lejos del **mal**.
Son, always keep yourself far away from **evil**.

211- Todas – *All (Plural Feminine)*

Todas las personas son capaces de hacer cosas malas.
All people are capable of doing evil things.

212- Nombre – *Name*

Todo comenzó aquel día en que él preguntó mi **nombre**.
It all began that day when he asked me my **name**.

213- Haciendo – *Doing*

Algunos no saben qué rayos están **haciendo**.
Some don't know what the heck they're **doing**.

214- Crees – *You think*

¿No **crees** que ya fueron suficientes juegos?
Don't **you think** you already played enough games?

215- Toda – *All (Feminine)*

¿Te vas a comer **toda** esa comida tú sólo?
You're going to eat **all** of that food on your own?

216- Amor – *Love*

El **amor** por fin había llegado a mi vida.
Love had finally arrived to my life.

217- Mío – *Mine*

Quiero que entiendas: ese hombre es **mío**.
I want you to understand: that man is **mine**.

218- Visto – *Viewed*

Tu video fue **visto** por más de quinientas personas.
Your video was **viewed** by more than five-hundred people.

219- Estas – *These (Plural Feminine)*

Estas frutas están frescas, compremos aquí.
These fruits are fresh, let's buy here.

220- Quería – *Wanted to*

La niña solo **quería** jugar sin preocupaciones.
The girl only **wanted to play** without any worries.

221- Eh – *Hey*

¡**Eh,** Antonio! ¿Qué crees que haces?
Hey, Antonio! What do you think you're doing?

222- Tarde – *Late*

Si crees que vas **tarde**, mejor toma un taxi.
If you think you're going **late**, just take a taxi.

223- Importa – *Matters*

Llega el momento en que nada te **importa**.
The moment comes when nothing **matters** anymore.

224- Parte – *Part*

Estoy leyendo el libro; ya sólo me queda una **parte**.
I'm reading the book; I'm only one **part** away from finishing.

225- Aún – *Still/Yet*

No podemos decir que ha acabado **aún**.
We can't say it's over **yet**.

226- Nuestra – *Our (Feminine)*

No hay cosa más hermosa que **nuestra** historia.
There is nothing more beautiful than **our** story.

227- Tienen – *Have*

Los jovenes de hoy **tienen** un problema de actitud.
Today's youngsters **have** attitude problems.

228- Tanto – *So much*

Creo que jamás he comido **tanto**.
I think I haven't ever eaten **so much.**

229- Cada – *Each*

Quiero salir a trotar **cada** mañana.
I want to go out to jog **each** morning.

230- Hora – *Hour*

¿Cuántas **horas** trabajas a la semana?
How many **hours** do you work every week?

231- Veces – *Times*

Ya ella se ha cansado de repetírselo tantas **veces**.
She's grown tired of repeating it so many **times.**

232- Necesito – *I need*

A veces siento que **necesito** más espacio.
Sometimes I feel that **I need** more space.

233- Contigo – *With you*

Quiero irme de viaje, solo **contigo**.
I want to go on a trip, just **with you.**

234- Ve – *Go*

"¡**Ve**!" gritó, y comencé a correr.
"**Go!**" she screamed, and I began to run.

235- Haber – *To be/have*

¡Me arrepiento de **haberte** conocido!
I regret **having** met you!

236- Buenas – *Good (Plural Feminine)*

Buenas tardes a todos, bienvenidos.
Good afternoon to all, welcome.

237- Dicho – *Said*

¡Ya te lo había **dicho**, pero no me prestaste atención!
I had already **said** it to you, but you didn't pay attention!

238- Quien – *Whom*

Esa es la persona **quien** te estaba buscando.
That is the person **whom** was looking for you.

239- Hacerlo – *To do it*

A veces cuando quieres hacer algo, lo mejor es **hacerlo**.
Sometimes when you wish to do something, the best is **to do it**.

240- Demasiado – *Too much*

No pidas tanto, me exijes **demasiado**.
Don't ask so much from me, you demand **too much**.

241- Oye – *Hears*

No hables en clase: el profesor **oye** todo.
Don't talk in class: the teacher **hears** everything.

242- Ah – *Ah*

Ah, por fin llegó nuestro pedido.
Ah, the order has finally arrived.

243- Haces – *Do/Doing*

Me encantaría que me contaras qué **haces**.
I'd love you to tell me what you **do**.

244- Hombres – *Men*

Esta prueba es la que separará a los niños de los **hombres**.
This test will truly separate the boys from the **men**.

245- Saber – *Know*

Hay cosas que preferiría no saber.
There are things I'd rather not know.

246- Entre – *Between*

Hay un problema **entre** ella y su madre.
There is a problema **between** her and her mother.

247- Adiós – *Goodbye*

Tenemos que aprender a decir **adiós**.
We have to learn to say **goodbye**.

248- Problema – *Problem*

El único **problema** aquí es tu comportamiento.
The only **problema** here is your behavior.

249- Unos – *Some*

No todos triunfamos — **unos** están destinados al fracaso.
We don't all triumph — **some** are destined to fail.

250- Vaya – *Go*

Vaya al supermercado y traiga pan.
Go to the supermarket and bring bread.

251- Hemos – *We have*

Hemos sido muy pacientes, pero no has cumplido.
We have been very patient, but you haven't fulfilled.

252- Cierto – *True*

Esas cosas que escuchaste no tienen nada de **cierto**.
Those things you heard have nothing **true** about them.

253- Debo – *I must*

Siento que **debo** hacer una cosa más antes de irme.
I feel that I **must** do one more thing before leaving.

254- Razón – *Reason*

Debe haber una **razón** detrás de todo esto.
There must be a **reason** to all of this.

255- Alguna – *Any/Some (Feminine)*

¿Queda **alguna** posibilidad de reconciliarnos?
Is there **any** chance of us getting back together?

256- Esos – *Those (Plural Masculine)*

¿**Esos** son tus hijos?
Are **those** your children?

257- Pues – *Well*

Pues, ya todo eso depende de ti.
Well, all of that depends on you.

258 – Veo – *I see*

Ya **veo** que las cosas cambiaron bastante.
I see now that things have changed a lot.

259- Idea – *Idea*

Tengo una **idea** ambiciosa, pero es arriesgada.
I have an ambitious **idea**, but it's risky.

260- Chica – *Girl*

Hay una **chica** en la escuela que me gusta.
There is a **girl** at school that I like.

261- Realmente – *Truly*

Realmente nos cuesta darnos cuenta de lo que importa.
We **truly** have trouble realizing what it is that matters.

262- Policía – *Police*

Mi hermano no para de tener problemas con la **policía**.
My brother can't stop having trouble with the **police**.

263- Hizo – *Did*

¿Ya quieres saber qué **hizo**?
Do you want to know what he **did** yet?

264- Estos – *These (Masculine)*

¡**Estos** son los mejores pasteles que he comido!
These are the best pies I've ever eaten!

265- Amigos – *Friends*

Una vida sin **amigos** es una vida incompleta.
A life without **friends** is an incomplete life.

266- Ustedes – *You (Plural)*

Ustedes son una verdadera mala influencia.
You are a real bad influence.

267- Quizá – *Perhaps*

Quizá sean cosas del destino y no nuestra culpa.
Perhaps it was just fate and not our fault.

268- Serio – *Serious*

No puedes estar hablando en **serio**.
You can't be **serious**.

269- Cabeza – *Head*

Fue muy gracioso cuando la pelota golpeó su **cabeza**.
It was funny when the ball hit his **head**.

270- Hermano – *Brother*

Me enteré que saliste con mi **hermano**.
I heard that you went out with my **brother**.

271- Digo – *I say*

Si **digo** algo, es porque es lo que siento.
If **I say** something it's because I mean it.

272- Van – *Go*

Los jovenes **van** regularmente al gimnasio.
The youngsters regularly **go** to the gym.

273- Pasado – *Past*

Ella no supo dejar las peleas en el **pasado**.
She didn't want to leave the fights in the **past**.

274- Salir – *Go out*

Me gustaría **salir** con ustedes esta semana.
I'd like to **go out** with you this week.

275- Cuenta – *Account*

Señor, dígame los detalles de su **cuenta**.
Sir, give me the details of your **account**.

276- Familia – *Family*

Es cierto lo que dicen: primero la **familia.**
What they say is true: **family** first.

277- Cariño – *Love*

Uno solo necesita un poco de **cariño.**
One only needs a bit of **love.**

278- Vale – *Okay*

Te escribo más tarde para confirmar, **vale?**
I'll text you later to confirm, **okay?**

279- Algún – *Some/Any*

No creo que haya **algún** problema, ¿o si?
I don't think there should be **any** problems, right?

280- Muchas – *Many (Feminine)*

Muchas personas han perdido el espíritu de la navidad.
Many people have lost their Christmas spirit.

281- Señora – *Lady*

Esa **señora** nos visita todos los días.
That **lady** visits us every single day.

282- Somos – *We are*

Nosotros **somos** los culpables de todo esto.
We are to blame for all of this.

283- Pueden – *May (Plural)*

Cuidado, las cosas **pueden** tornarse peligrosas.
Careful, things **may** turn dangerous.

284- Noches – *Nights*

El accidente ocurrió hace tres **noches.**
The accident took place three **nights** ago.

285- Muerto – *Dead*

Me siento realmente **muerto** del cansancio.
I feel truly **dead** tired.

286- Usted – *You (Formal)*

Usted, señor, es un ángel.
You, sir, are an angel.

287- Todavía – *Still*

Creo que ella **todavía** te ama.
I think she **still** loves you.

288- Rápido – *Quick*

Si puedes, apúrate y ven **rápido.**
If you can, hurry and come **quick.**

289- Viejo – *Old*

Mi padre ya no es el mismo: está bastante **viejo.**
My dad isn't the same anymore: he's very **old.**

290- Lado – *Side*

Está pendiente, llegarán por el otro **lado.**
Be wary, they'll arrive around the other **side.**

291- Debería – *Should*

Mi familia piensa que **debería** estudiar más.
My family believes I **should** study more.

292- Ves – *See*

Avísame si **ves** algo fuera de lo normal.
Let me know if you **see** something strange.

293- Sabía – *Knew*

Esto no me sorprende — era algo que ya **sabía**.
This doesn't surprise me — it was something I already **knew**.

294- Suerte – *Luck*

A veces simplemente hay que probar **suerte**.
Sometimes you just have to try your **luck**.

295- Cuidado – *Care/Careful*

Los niños tienen muy poco **cuidado**.
Children seldom are **careful**.

296- Buenos – *Good (Plural)*

Los platos en este restaurante son muy **buenos**.
The meals at this restaurant are very **good**.

297- Sería – *Would*

¿**Sería** un problema si me quedo la noche?
Would it be a problem if I stay over?

298- Da – *Gives*

La alta temperatura me **da** dolores de cabeza.
High temperature **gives** me headaches.

299- Mientras – *While*

Mientras tú pierdes tu tiempo, tu rival ya está trabajando.
While you waste time, your rival is already working.

300- Miedo – *Fear*

Nada me da tanto **miedo** como perderte.
Nothing gives me more **fear** than losing you.

301- Primera – *First (Feminine)*

Esta escuela fue la **primera** de la ciudad.
This was the **first** school in the city.

302- Contra – *Against*

¿Por qué estás en **contra** de la propuesta?
Why are you **against** the proposition?

303- Puerta – *Door*

Los caballeros les abren la **puerta** a las damas.
Gentlemen leave the **door** open for ladies.

304- Pronto – *Soon*

Pronto, habremos tomado el mercado con este producto.
Soon, we will have taken control of the market with this product.

305- E – *And*

Las empresas chinas **e** indias firmaron un contrato grande.
The Chinese **and** Indian companies signed a huge contract.

306- Casi – *Almost*

¡Esta clase parece **casi** interminable!
This class seems **almost** endless!

307- Nueva – *New (Feminine)*

¿Ya compraste la **nueva** pieza para tu auto?
Have you the bought the **new** part for your car?

308- Espero – *I hope*

Espero que esto no nos traiga problemas.
I hope this doesn't bring us problems.

309- Cualquier – *Any*

Este no es **cualquier** local de hamburguesas, amigo.
This isn't just **any** burger bar, friend.

310- Esas – *Those (Feminine)*

¿Podrán callar a **esas** personas que están hablando?
Can you shut **those** talkative people up?

311- Agua – *Water*

El **agua** de la bañera se estaba desbordando.
The **water** in the bath was overflowing.

312- Os – *You (Formal)*

¡¿**Os** has venido sola caminando tan lejos?!
You came walking all this way alone?!

313- Chico – *Boy*

Amiga, el **chico** que te gusta estaba con otra.
Girl, the **boy** you like was with someone else.

314- Cuánto – *How much*

¿**Cuánto** más daño quieres causar en esta casa?
How much more damage do you want to create here?

315- Niños – *Children*

Aún no estoy listo para tener **niños**.
I'm not ready to have **children** yet.

316- Venga – *Come on*

Venga, ¿crees que me voy a comer ese cuento?
Come on, do you think I'll believe that tale?

317- Camino – *Path/Way*

Manténganse en el **camino,** la montaña es peligrosa.
Stay on the **path,** the mountain is dangerous.

318- Primero – *First*

El que llegue **primero** se lleva el gran trofeo.
The one to arrive **first** takes the great trophy home.

319- Hacia – *Toward*

Nos sentamos a mirar **hacia** el horizonte.
We sat and stared **toward** the horizon.

320- Pensé – *I thought*

Ah, llegaste. **Pensé** que ya no vendrías.
Ah, you arrived. **I thought** you wouldn't come.

321- Dentro – *Inside*

Introdujo sus cosas **dentro** de su bolso y se fue.
He placed his things **inside** his bag and left.

322- Pasó – *Passed*

El carro **pasó** tan rápido que casi no lo vimos.
The car **passed** by so fast that we almost missed it.

323- Debes – *You must*

Para ser un buen hijo, **debes** aprender a ser obediente.
To be a good son, **you must** learn to be obedient.

324- Ciudad – *City*

Soy amante de la **ciudad** y de la vida movida.
I'm a fan of having a hectic, **city** life.

325- Historia – *History/Story*

Londres es una ciudad que posee mucha **historia**.
London is a city that possesses a lot of **history**.

326- Año – *Year*

Este **año** ha sido duro, pero sobrevivimos.
This **year** has been rough, but we survived.

327- Viene – *Coming*

El mes que **viene,** resolveremos todos estos problemas.
The **coming** month, we'll resolve all of these issues.

328- Deja – *Leave/Allow*

No podré ir; mi mamá no me **deja**.
I won't be able to go; my mother doesn't **allow it**.

329- Durante – *During*

Los romanos tuvieron un enorme imperio **durante** siglos.
The Romans had a massive empire **during** several centuries.

330- Forma – *Shape/Form*

Me gusta el color del vestido más no su **forma**.
I like the dress' color, but not its **shape**.

331- Volver – *Return*

Se está haciendo tarde y ya debo **volver**.
It's getting late and I have to **return**.

332- Feliz – *Happy*

Recuerdo esos días de antes cuando era **feliz**.
I remember those days back then when I was **happy**.

333- Ojos – *Eyes*

Me encanta una persona con los **ojos** claros.
I love a person that has light-colored **eyes**.

334- Guerra – *War*

Si quieres paz, prepárate para la **guerra**.
If you yearn for peace, prepare for **war**.

335- Caso – *Case*

El exámen es sobre un **caso** clínico muy particular.
The exam is about a very specific clinical **case**.

336- Chicos – *Boys*

No sé por qué están tan alborotados los **chicos**.
I don't know why the **boys** are so restless.

337- Esposa – *Wife*

Algún día te convertiré en mi **esposa**, ya verás.
One day I'll make you my **wife**, you'll see.

338- Adelante – *Ahead*

Si sigues hacia **adelante**, encontrarás lo que estás buscando.
If you continue up **ahead**, you'll find what you're looking for.

339- Cuál – *Which*

¿**Cuál** de todos estos regales es el mío?
Which of all of these presents is mine?

340- Mano – *Hand*

Por favor, dame una **mano** en este trabajo.
Please, give me a **hand** with this job.

341- Hice – *Did*

No **hice** nada de lo que están diciendo de mí.
I **did**n't do anything they've said I've done.

342- Vi – *Saw*

Yo **vi** pasar al hombre corriendo hacia esa dirección.
I **saw** the man run past towards that direction.

343- Gustaría – *Would like*

A mi mama le **gustaría** conocerte pronto.
My mother **would like** to meet you soon.

344- Muerte – *Death*

No quiero envejecer: tengo miedo a la **muerte**.
I don't want to grow old: I'm afraid of **death.**

345- Allá – *There*

¿Nunca he ido para **allá**, quieres acompañarme?
I've never gone **there**, want to come with me?

346- Más – *More*

Quiero comer **más**, ¿quedó algo en el sartén?
I want some **more** to eat, is there anything left?

347- Loco – *Crazy*

¿Qué te sucede, estás **loco** o qué?
What's wrong with you, are you **crazy** or what?

348- Supuesto – *Suppose/Allege*

Yo **supongo** que ahora me vas a culpar, ¿no?
I **suppose** that you're going to blame me now, right?

349- Toma – *Take*

El es un abusivo: **toma** lo que quiere sin preguntar.
He's a shameless man: he **takes** what he wants without asking.

350- Minutos – *Minutes*

Me tomará unos **minutos,** ten paciencia.
It will take me a few **minutes,** be patient.

351- Haré – *I'll do*

Si quieres que te lo demuestre, **lo haré.**
If you want me to show you, **I'll do** it.

352- Entiendo – *I Understand*

Yo **entiendo** todos los problemas del examen.
I **understand** all of the problems for the exam.

353- Pasar – *Happen*

En este país, cualquier cosa puede **pasar.**
In this country, anything can **happen.**

354- Iba – *Was going*

El cocodrilo **iba** a morder al niño.
The crocodile **was going** to bite the child.

355- Corazón – *Heart*

Mi abuela tiene un **corazón** de oro.
My grandmother has a **heart** of gold.

356- Semana – *Week*

Cada **semana,** me toca viajar a la capital.
Every **week,** I have to travel to the capital.

357- Jefe – *Boss*

No soporto al **jefe,** es un pedante.
I can't stand the **boss,** he's annoying.

358- Venir – *Come/Coming*

Y tú, ¿cuándo vas a **venir?**
What about you, when are you **coming?**

359- Manos – *Hands*

Se lesionó las **manos** tras la caída.
He hurt his **hands** after the fall.

360- Ayuda – *Help*

Ven y dame algo de **ayuda,** me salió mal.
Come and give me some **help,** I did it wrong.

361- Problemas – *Problems*

La pareja no pudo seguir por sus **problemas.**
The couple couldn't keep going because of their **problems.**

362- Juntos – *Together*

Si lo vamos a hacer, tenemos que hacerlo **juntos.**
If we're going to do it, we have to do it **together.**

363- Supongo – *I suppose*

Supongo que ya no estás enferma, ¿no?
I **suppose** you're not sick anymore, are you?

364- Déjame – *Leave me*

Por favor, no me molestes, ¡**déjame** quieto!
Please, don't bother me, **leave me** alone!

365- Importante – *Important*

Lo más **importante** es intentarlo, amigo.
The most **important** thing is to try, my friend.

366- Vete – *Go away*

¡Te odio! ¡**Vete** y no regreses más!
I hate you! **Go away** and never come back!

367- Niño – *Boy*

El **niño** que vive en la otra cuadra se murió.
The **boy** that lives on the next block died.

368- Arriba – *Up*

Oye, ¿quieres ir **arriba** conmigo?
Hey, do you want to go **up** with me?

369- Hija – *Daughter*

Después de tres varones, tuvo su primera **hija**.
After three boys, she had her first **daughter**.

370- Otros – *Others*

No me importa lo que opinan los **otros** de mí.
I don't care what **others** think of me.

371- Sra. – *Mrs.*

La **Sra.** González es bienvenida a exponer su caso aquí.
Mrs. Gonzalez is welcome to present her case here.

372- Personas – *People*

Las **personas** en esta ciudad no respetan la ley.
The **people** in this city don't respect the law.

373- Tierra – *Earth*

Soy la persona más desafortunada del planeta **Tierra**.
I'm the unluckiest person on the entire planet **Earth**.

374- Manera – *Way*

Amo la **manera** en la que me haces sentir.
I love the **way** in whichyou make me feel.

375- Hablando – *Talking*

Dame un momento, estoy **hablando** por teléfono.
Give me a minute; I'm **talking** on the telephone.

376- Fin – *End*

Todos se apuraron para terminar antes del **fin**.
All of them hurried up to finish before the **end**.

377- Mujeres – *Women*

En nuestra familia hay más **mujeres** que hombres.
In our family there are more **women** than men.

378- Cara – *Expensive/Face*

Compré una crema para la **cara**. Me salió bastante **cara**.
I bought a cream for my **face**. It was very **expensive**.

379- Grande – *Big/Large*

No hay problema demasiado **grande** para mí.
There is no problem too **big** for me.

380- Ningún – *No/Any*

No hay **ningún** problema si te quedas a dormir.
There is **no** problem with you staying over.

381- Nuestros – *Our (Plural Masculine)*

Nuestros padres se van de viaje por este fin de semana.
Our parents are leaving on vacation for this weekend.

382- Cinco – *Five*

A la cuenta de **cinco** escapamos de aquí.
On the count of **five** we run away from here.

383- Llama – *Call*

Si puedes, **llama** a tu padre e infórmale.
If you can, **call** your dad and inform him.

384- Oye – *Hey*

Oye, ¿puedes repetir lo que dijiste?
Hey, can you repeat what you just said?

385- Habla – *Talk*

Ese niño **habla** mucho en clase; no se concentra.
That kid **talks** a lot in class; he doesn't concentrate.

386- Bajo – *Low*

¡Eso que le dijiste fue un golpe **bajo**!
What you told him was a **low** blow!

387- Dices – *You say*

A veces, no piensas lo que **dices**.
Sometimes, you don't think of what **you say**.

388- Poder – *Power*

Aumenta el **poder,** vamos con todo.
Increase the **power,** we're going in hard.

389- Cuándo – *When*

¿**Cuándo** piensas ir a comprar lo que te pedí?
When are you going to buy what I asked for?

390- Quizás – *Perhaps*

Quizás nos volvamos a ver el año que viene.
Perhaps we'll see each other next year.

391- Escucha – *Listen*

Mira y **escucha,** esto es muy importante.
Look and **listen,** this is very important.

392- Persona – *Person*

Eres una **persona** muy antipática, ¿sabes?
You're a very unfriendly **person,** did you know that?

393- Horas – *Hours*

Esperar todas estas **horas** me ha dado hambre.
Waiting all these **hours** has me hungry.

394- Tío – *Uncle*

Mi **tío** tiene una casa enorme en la playa.
My **uncle** has a huge house on the beach.

395- Aunque – *Although*

Me gustaría, **aunque** ya es un poco tarde.
I'd like to, **although** it's a bit late.

396- Yo – *I/Me*

Si me preguntas qué creo **yo,** pues no sé.
If you're asking what **I** believe, well I don't know.

397- Único – *Only*

Eres el **único** del grupo que entenderá esto.
You're the **only** one in the group that will understand.

398- Dijiste – *Said*

Lo que me **dijiste** me dejó asombrado.
What you **said** to me left me in shock.

399- Siquiera – *At least*

¡**Siquiera** dame una advertencia de lo que harás!
At least give me a warning of what you're doing!

400- Quieren – *Want (Plural)*

Los niños **quieren** más de lo que podemos dar.
The kids **want** more than we can give.

401- Ninguna – *No/Any (Feminine)*

Creo que **ninguna** persona ha hecho eso antes.
I think **no** person has ever done that before.

402- Cerca – *Close*

Me mentiste cuando dijiste que era **cerca.**
You lied when you said it was **close.**

403- Pequeño – *Little*

Yo era travieso cuando era **pequeño.**
I was naughty when I was **little.**

404- Debemos – *We must*

Debemos tener paciencia, no es sencillo.
We must have patience, it isn't simple.

405- Cree – *Believe/Think*

¿Y él quién se **cree** que es?
And who does he **think** he is?

406- Dame – *Give me*

Sólo **dame** un beso y arreglemos todo.
Just **give me** a kiss and let's fix everything.

407- Sigue – *Follow*

Sigue este camino para llegar a la cima.
Follow this path and you'll reach the peak.

408- Auto – *Car*

Podemos caminar, pero queda más cerca en **auto**.
We can walk, but it's closer by **car**.

409- Cuatro – *Four*

Los **cuatro** estudiantes pasaron su día libre haciendo tareas.
The **four** students spent their day off doing homework.

410- Dejar – *Leave*

Mi madre está a punto de **dejar** a mi papá.
My mother is about to **leave** my dad.

411- Muchos – *Many*

Tengo **muchos** recuerdos en este sitio especial.
I have **many** memories in this special place.

412- Igual – *Same*

A pesar de tomar tantos medicamentos, me siento **igual**.
Even though I've taken so much medicine, I feel the **same**.

413- Hago – *I make*

Siempre **hago** mi mayor esfuerzo y eso nunca lo ves.
I always **make** my biggest effort and you never notice.

414- Listo – *Ready*

Sólo hazlo si te sientes **listo**.
Only do it if you feel **ready**.

415- Significa – *Means*

Hay personas que no saben lo que **significa** la educación.
There are people who don't know what education **means**.

416- Capitán – *Captain*

Mírame, soy el **capitán** ahora.
Look at me, I'm the **captain** now.

417- Clase – *Class*

Ese delantero juega con estilo y con **clase**.
That striker plays with style and with **class**.

418- Llegar – *Arrive*

¡En unas horas vamos a **llegar** a Madrid!
In some hours we'll **arrive** at Madrid!

419- Doctor – *Doctor*

Doctor, ¿cuánto tiempo me queda de vida?
Doctor, how long do I have left t olive?

420- Suficiente – *Enough*

¿De nuevo aquí? ¿No fue **suficiente** la vez anterior?
Here again? Wasn't last time **enough?**

421- Tomar – *Drink*

¡Ya no paras en casa, solo sales a **tomar!**
You're never at home; you only go out to **drink!**

422- Vivir – *Live*

Quisiera **vivir** en paz sin tantos problemas.
I wish I could **live** in peace without so many problems.

423- Joven – *Young*

No mereció ese destino, era muy **joven.**
She didn't deserve that fate, she was too **young.**

424- Trabajar – *To work*

Yo solo quiero comenzar a **trabajar** e independizarme.
I only want to start to **work** and become independent.

425- Haya – *Has*

Lo voy a perdonar, aunque **haya** hecho las cosas mal.
I'll forgive him, even if he **has** done things badly.

426- Abajo – *Down*

Cuando me portaba mal, me mandaban **abajo** al sótano.
When I misbehaved, they sent me **down** to the basement.

427- Hubiera – *Had*

Si **hubiera** salido temprano, no estuviese llegando tarde.
If I **had** left early, I wouldn't be arriving late.

428- Primer – *First*

¡Usted es el **primer** estudiante en entregar su examen!
You are the **first** student to turn in their exam!

429- Genial – *Great*

¡Gracias por tornar este día tan **genial**!
Thanks for making this day so **great!**

430- Justo – *Fair*

En mi opinión, jamás eres **justo** conmigo.
In my opinion, you're never **fair** with me.

431- Pensar – *Think*

Necesito espacio y tiempo para **pensar** un poco.
I need time and space to **think** a little.

432- Misma – Same (Feminine)

Después de la pelea, ya no eres la **misma**.
After the fight, you're no longer the **same**.

433- Puta – *Whore*

Él no llegó a casa; estaba con una **puta**.
He didn't arrive home; he was with a **whore**.

434- Comer – *Eat*

Una de mis cosas favoritas es **comer**.
One of my favorite things is to **eat**.

435- Necesita – *Needs*

Uno tiene que darle al cuerpo lo que **necesita**.
One has to give their body what it **needs**.

436- Conozco – *I know*

Conozco personas que lo arriesgarían todo por mí.
I know people that would risk everything for me.

437- Fui – *I was/I went*

Hoy **fui** al médico en la mañana.
Today **I went** to the doctor in the morning.

438- Algunos – *Some (Plural)*

En **algunos** países, eso se ve como algo normal.
In **some** countries, that's seen as something normal.

439- Entrar – *Get in*

Él intentó **entrar** a la fuerza.
He tried to **get in** by force.

440- Fuerte – *Strong*

Mi padre siempre ha sido el más **fuerte**.
My father has always been the **strong** one.

441- Número - *Number*

Agarra tu **número** y ve a la fila, por favor.
Grab your **number** and go stand in line, please.

442- Srta. – *Miss*

Srta. Pérez, si no está interesada, puede retirarse.
Miss Perez, if you're not interested, you can always leave.

443- Morir – *Die*

A pesar de su enfermedad, no estaba listo para **morir**.
Despite his illness, he wasn't ready to **die**.

444- Basta – *Enough*

No tengas miedo de decirles que ya **basta**.
Don't be afraid to tell them that it's **enough**.

445- Dar – *Give*

Para recibir, hay que saber **dar** también.
To receive, you must also learn to **give**.

446- Bastante – *A lot*

En esta casa hay **bastante** polvo, ¡límpienla!
In this house there's **a lot** of dust, clean it!

447- Amo – *I love*

Creo que **amo** tu manera de hablar.
I think **I love** your way of talking.

448- Atrás – *Behind*

Cuidado en esta jungla, ¡no te quedes **atrás**!
Be careful in this jungle, don't stay **behind**!

449- Dicen – *Say (Plural)*

No me gusta prestar atención a lo que **dicen**.
I don't like paying attention to what they **say**.

450- Difícil – *Difficult*

No quiero que seas tan **difícil** conmigo.
I don't want you to be so **difficult** with me.

451- Éste – *This*

Si te gusta **éste**, lo tenemos en negro.
If you like **this** one, we have it in black.

452- Pueda – *Can*

Discúlpame, no sé si **pueda** ayudarte.
I'm sorry, I'm not sure if I **can** help you.

453- Punto – *Point/Dot*

Por favor, ¿puedes concluir tu **punto**?
Please, can you conclude your **point**?

454- Vino – *Came*

Mi hermana **vino** de Nueva York este verano.
My sister **came** from New York this summer.

455- Hermana – *Sister*

Tengo tres hermanos y una **hermana.**
I have three brothers and one **sister.**

456- Hijos – *Children/Offspring*

Cuando tengamos **hijos,** viajaremos por el mundo.
When we have **children,** we can travel around the world.

457- Unas – *Some (Feminine)*

Si quieres, podemos ir por **unas** cervezas.
If you want, we can go for **some** beers.

458- Final – *Final*

Con la victoria, el equipo se encuentra en la **final.**
With this victory, the team is now in the **final.**

459- Escuela – *School*

Es increíble: no veía a ese chico desde la **escuela.**
It's incredible: I hadn't seen that kid since **school.**

460- Podía – *Could*

Me preguntó si **podía** venir más tarde a su casa.
He asked me if I **could** come to his house later.

461- Pueblo – *Town/People*

El poder reside en las manos del **pueblo**.
Power resides in the hands of the **people**.

462- Haga – *Make/Do*

Aunque **haga** las cosas bien, parece que no funciona.
Even if I **do** things right, it doesn't work.

463- Sangre - *Blood*

Le tendremos que realizar una tranfusión de **sangre**.
We will have to perform a **blood** transfusion.

464- Meses – *Months*

Estamos a dos **meses** de la navidad, ¡qué emoción!
We're two **months** away from Christmas, I'm excited!

465- Coche – *Car*

Nos fuimos en **coche** a la playa este fin.
We went to the beach by **car** this weekend.

466- Juego – *Game*

Las personas creen que las relaciones son un **juego**.
People believe that relationships are just a **game**.

467- Encontrar – *Find*

Algún día vas a **encontrar** la persona correcta para ti.
Some day you'll **find** the right person for you.

468- Realidad – *Reality*

En **realidad**, solo quiero tener una vida tranquila.
In **reality,** I just want to have a tranquil life.

469- Cuerpo – *Body*

El **cuerpo** humano tiene una capacidad increíble de aguante.
The human **body** has an incredible capacity of endurance.

470- Mayor – *Older*

Ten cuidado con ella, es una persona **mayor**.
Be careful with her, she's an **older** person.

471- Última – *Last*

La **última** vez que viniste, causaste un gran problema.
The **last** time you came, you caused a huge problem.

472- Eran – *They were*

Ellos **eran** felices, a pesar de las dificultades que tenían.
They were happy, despite the difficulties that they had.

473- Queda – *Remains*

Si **queda** algo en tu plato, échaselo al perro.
If something **remains** on your plate, feed the dog.

474- Ok – *Okay*

Ok, vamos a llevar las cosas con calma, por favor.
Okay, let's take things slowly, please.

475- Paz – *Peace*

Un mundo de amor, unión y **paz** es lo que deseo.
A world of love, union and **peace** is what I desire.

476- Dime – *Tell me*

Dime las respuestas durante el exámen o te golpeo.
Tell me the answers during the exam or I'll punch you.

477- Vuelta – *Return/Spin*

Si puedes, compra el pasaje de **vuelta** para evitar problemas.
If you can, buy the **return** ticket to avoid problems.

478- Hiciste – *You did*

Hiciste un gran trabajo en armar este equipo.
You did a great job in building this team.

479- Tenido – *Had*

Había **tenido** un año muy malo hasta que llegaste tú.
I **had had** a very bad year until you arrived.

480- Sola – *Alone (Feminine)*

Si alguna vez te sientes **sola,** llámame y estaré ahí.
If you ever feel **alone,** call me and I'll be there.

481- Hacen – *Make (Plural)*

Los bebés **hacen** mucho ruido cuando tienen hambre.
Babies **make** a lot of noise when they're hungry.

482- Ido – *Gone*

¿Sigues aquí? Pensé que te habías **ido** hace mucho.
You're still here? I thought you'd **gone** ages ago.

483- Querida – *Dear (Feminine)*

Querida hermana, espero verte pronto por estos lados.
Dear sister, I hope to see you soon around these parts.

484- Iré – *I'll go*

Esta tarde **iré** al cine con mi novia.
This afternoon **I'll go** to the cinema with my girlfriend.

485- Culpa – *Guilt*

En su cara se puede notar la expresión de **culpa**.
On her face you can note the expression of **guilt**.

486- Malo – *Bad/Evil*

Dejé el pollo afuera de la nevera y se puso **malo**.
I left the chicken out of the fridge and it went **bad**.

487- Chicas – *Girls*

Vamos **chicas**, ¡este será el mejor verano de nuestras vidas!
Come on **girls**, this will be the best summer ever!

488- Comida – *Food*

Simplemente quiero un poco de **comida**, ¿es mucho pedir?
I simply want some **food**, is it too much to ask?

489- Dólares – *Dollars*

Mi situación ha mejorado desde que gano en **dólares**.
My situation has changed since I started earning in **dollars**.

490- Dr. – *Dr.*

Dr. Fernández, ¿cuál es su opinión del paciente?
Dr. Fernandez, what is your opinion of the patient?

491- Saben – *They know*

Ellos **saben** cuando tú tienes un problema y se ríen.
They know when you have a problem and they laugh.

492- Fácil – *Easy*

Este semestre, el examen de matemática me pareció **fácil**.
This semester, the math exam seemed **easy** to me.

493- Alto – *Tall*

Tu hermano es el único verdaderamente **alto** de la familia.
Your brother is the only truly **tall** member of the family.

494- Posible – *Possible*

¿Aún es **posible** que la situación del país mejore?
Is it still **possible** for the country's situation to improve?

495- Maldito – *Damn*

Era un **maldito** ladrón y por eso lo mataron.
He was **damn** thief, and that's why they killed him.

496- Dormir – *Sleep*

Tengo días sin **dormir** con las preocupaciones de la tesis.
I haven't slept for **days** because of my thesis worries.

497- Deberías – *You should*

Deberías considerer cambiarte de carrera para no perder tiempo.
You should consider changing your career to avoid wasting time.

498- Maldita – *Damn (Feminine)*

¡Baja la **maldita** voz, no soy sordo!
Lower your **damn** voice, I'm not deaf!

499- Pregunta – *Question*

Tengo una **pregunta** para ti, por favor contesta honestamente.
I have a **question** for you, please answer honestly.

500- Incluso – *Even*

Incluso cuando las cosas estaban peores, yo te amaba.
Even when things were at their worst, I loved you.

501- Fiesta – *Party*

No es momento para una **fiesta,** ¡a trabajar!
It's no time for a **party,** get to work!

502- Tampoco – *Neither*

Ni te pido muy poco, ni **tampoco** demasiado.
I **neither** ask too little, nor too much.

503- Cama – *Bed*

Tengo sueño, me iré a la **cama.** Hasta mañana.
I'm sleepy, I'm going to **bed.** Good night.

504- Lejos – *Far*

Si vienes conmigo, toma en cuenta que vamos **lejos.**
If you're coming with me, be aware that we're going **far.**

505- Medio – *Medium*

Para que se cocine, colóquese a fuego **medio.**
For proper cooking, keep it at **medium** heat.

506- Preocupes – *Worry*

¡Por favor, ya no te **preocupes** tanto por mí!
Please, don't you **worry** about me so much!

507- Ay – *Oh*

¡**Ay**! ¿Por qué me golpeaste tan duro, loco?
Oh! Why did you hit me so hard, madman?

508- Teléfono – *Telephone*

¿Puedes esperar? Estoy hablando con alguien por **teléfono**.
Do you mind? I'm talking to someone on the **telephone.**

509- Diga – *Tell*

Si le llegan a preguntar, por favor no **diga** nada.
If they happen to ask, please don't **tell** them anything.

510- El – *The*

El día fue largo y muy cansón, pero ya acabó.
The day was long and tiring, but it's finished.

511- Trata – *Treats*

Es el doctor que **trata** la enfermedad de mi madre.
He's the doctor that **treats** my mother's illness.

512- Equipo – *Team/Equipment*

Llama al **equipo,** y diles que traigan el **equipo.**
Call the **team,** and tell them to bring the **equipment.**

513- Palabra – *Word*

Su problema es que quiere la última **palabra.**
Her problem is that she wants the last **word.**

514- Cuantos – *Several*

Unos **cuantos** estudiantes se fueron antes de la hora.
Several students left before the class was over.

515- Idiota – *Idiot*

No me imaginaba que ese **idiota** era tu novio.
I hadn't imagined that **idiot** was your boyfriend.

516- Esté – *To be*

No creo que él aún **esté** esperando por ti.
I don't think he **is** still waiting for you.

517- Luz – *Light*

Amo la **luz** de un amanecer hermoso.
I love the **light** of a beautiful sunrise.

518- Tuve – *I had*

Tuve un problema que casi me costó la vida.
I had a problem that almost cost me my life.

519- País – *Country*

Hay soluciones más sensatas que sólo irse del **país**.
There are more sensible solutions than just leaving the **country**.

520- Segundo – *Second*

Dame un **segundo,** ya te atiendo.
Give me a **second;** I'll be right there with you.

521- Querido – *Dear*

Querido papa, te extraño y espero estés bien.
Dear father, I miss you and hope you're doing well.

522- Diablos – *Damn*

¡**Diablos**! Nos tomó de sorpresa su último ataque.
Damn! His last attack took us by surprise.

523- Hagas – *You do*

Hagas lo que **hagas,** nunca presiones este botón.
Whatever **you do,** never press this button.

524 Señorita – *Miss*

Disculpe **señorita,** ¿usted y yo nos conocemos?
Excuse me **miss,** do we know each other?

525- Oportunidad – *Opportunity*

Esta **oportunidad** tiene fecha de vencimiento.
This **opportunity** has an expiration date.

526- Matar – *Kill*

Cuando mi mama lo vea, me va a **matar.**
When my mom sees it, she'll **kill** me.

527- Algunas – *Some (Plural Feminine)*

Algunas tardes, me voy al parque a despejar mi mente.
Some afternoons, I go to the park to clear my head.

528- Esperando – *Waiting*

Siento que estoy **esperando** algo que jamás vendrá.
I feel like I'm **waiting** for something that will never come.

529- Necesitamos – *We need*

Necesitamos conversar, hay temas importantes pendientes.
We need to chat, there are important subjects pending.

530- Adónde – *Where*

Hay personas que no tienen ni **adonde** vivir.
There are people who don't have **where** to live.

531- Verte – *See you*

He sentido muchas ganas de **verte** estos días.
I've had a strong urge to **see you** these days.

532- Estará – *Will be*

El cantante **estará** en la capital esta noche.
The singer **will be** in the capital tonight.

533- Venido – *Come*

Si hubieses **venido** ayer, te hubiese regalado algo.
If you had **come** yesterday, I'd have gifted you something.

534- Estabas – *You were*

Anoche **estabas** tan hermosa que me impresionaste.
Last night **you were** so beautiful that you amazed me.

535- Fueron – *Were/Went (Plural)*

Ellos **fueron** a Disney y **fueron** muy felices.
They **went** to Disney and **were** very happy there.

536- Seis – *Six*

Seis de ellos partieron, y solo cuatro regresaron.
Six of them set out, and only four returned.

537- Tenga – *Have*

Cuando **tenga** más dinero, iré de vacaciones.
When I **have** more money, I'll go on vacations.

538- Cuarto – *Fourth/Room*

Mi **cuarto** está en el **cuarto** piso de la casa.
My **room** is on the **fourth** floor of the house.

539- Cielo – *Sky/Heaven*

A veces miro al **cielo** y pregunto por qué.
Sometimes I look up to the **sky** and wonder why.

540- Vivo – *Alive/Live*

Encontraron **vivo** al pescador que se había desaparecido.
They found the fisherman who had gone missing **alive**.

541- Recuerdo – *Memory/I Remember*

Recuerdo cuando éramos niños y yo sólo te fastidiaba.
I remember when we were kids and I annoyed you.

542- Perdón – *Pardon*

Ella sabía que él merecía su **perdón**.
She knew that he deserved her **pardon**.

543- Falta – *Lack*

Una **falta** de educación se puede notar a leguas.
A **lack** of education can be spotted from a mile.

544- Pequeña – *Little*

Él tiene una **pequeña** colección de libros.
He has a **little** collection of books.

545- Oído – *Ear*

Me duele el **oído**, creo que tengo una infección.
My **ear** hurts, I believe I have an infection.

546- Creer – *Believe*

Ayúdame a **creer** en lo que me estás diciendo.
Help me **believe** that which you're telling me.

547- Juan – *John*

Juan se fue a la fiesta sin un centavo.
John went partying without a dime in his pocket.

548- Pienso – *I think*

A veces **pienso** que soy la única a quien le importa.
Sometimes **I think** I'm the only one who cares.

549- Ésta – *This (Feminine)*

Me quedo con **ésta,** es la más económica.
I'll take **this** one, it's the cheapest one.

550- Esperar – *Wait*

La vida te enseña que debes **esperar** con paciencia.
Life teaches you to **wait** patiently.

551- Necesitas – *You need*

Él puede conseguirte fácilmente lo que **necesitas.**
He can easily find you what **you need.**

552- Aquí – *Here*

No pasa nada si decides quedarte **aquí** esta noche.
There's no issue if you decide to stay **here** tonight.

553- Película – *Movie*

Tú, yo, una **película** de acción y unas palomitas — piénsalo.
You, me, an **action** movie and popcorn — think about it.

554- Además – *Besides*

Además, ese tipo ni siquiera te quiere, cariño.
Besides, that guy doesn't even love you, darling.

555- Marido – *Husband*

A tu **marido** no le gustaría saber que haces eso.
Your **husband** wouldn't like to know that you do that.

556- Perro – *Dog*

Cuando tenga casa propia, quiero tener más de un **perro**.
When I own a house, I want more than one **dog**.

557- General – *General*

En **general**, ¿qué te pareció la experiencia?
In **general**, what do you think of the experience?

558- Calle – *Street*

Hay personas durmiendo y viviendo en la **calle**, lamentablemente.
There are people sleeping and living on the **street**, unfortunately.

559- Exactamente – *Exactly*

No sé **exactamente** qué es lo que quieres.
I don't **exactly** know what it is you want.

560- Rey – *King*

Me sentía como un **rey**, pero ya no soy nada.
I felt like a **king**, but now I'm nothing.

561- Padres – *Parents*

Mis **padres** me exigen demasiado en la universidad.
My **parents** ask too much of me at university.

562- Lista – *List*

En el colegio van a hacer una **lista** de inasistencias.
At school they're going to do a **list** of absences.

563- Habrá – *There will be*

Para el que cometa un delito, **habrá** un castigo ejemplar.
There will be exemplary punishment for whoever breaks the law.

564- Habitación – *Room*

Tendré que pasar el fin encerrado en mi **habitación**.
I have to spend my weekend locked in my **room**.

565- Carajo – *Fuck*

No me importa un **carajo** si no te gusta eso.
I don't give a **fuck** if you don't like that.

567- Par – *Pair*

Par de tontos, ¿qué pensaban que lograrían?
Pair of fools, what did you expect to accomplish?

568- Incendio – *Fire*

Siempre hay que estar listo en caso de un **incendio**.
You always must be ready in case of a **fire**.

569- Niña – *Girl*

Esa **niña** ya no se comporta tan bien como antes.
That **girl** doesn't behave like she used to.

570- Seguir – *Follow*

Ya no sé qué puede **seguir** a esta tragedia.
I no longer know what can **follow** this tragedy.

571- Música – *Music*

La mejor **música** siempre sirve para despertar el alma.
The best **music** always serves to wake the soul.

572- Di – *Say/Gave*

Cuando te pidan eso, **di** que no quieres.
When they ask for that, **say** you don't want any.

573- Habría – *There would be*

Si hubieses ido al supermercado, **habría** comida.
If you'd gone to the supermarket, **there would be** food.

574- Mucha – *A lot*

Mucha gente cree que ser independiente es fácil.
A lot of people believe that being independent is easy.

575- Paso – *Step/Rate*

A este **paso,** nunca habremos alcanzado la meta.
At this **rate,** we'll never have reached the goal line.

576- Sentido – *Sense*

Lo que dices no tiene mucho **sentido,** ¿sabes?
What you're saying doesn't make much **sense,** you know?

577- Diré – *I'll say*

Sólo **diré** una cosa: te amo mucho.
I'll say only one thing: I love you a lot.

578- Podrías – *You could*

Tú **podrías** llevarle esto a mi mamá cuando vayas.
You could take this to my mother when you go.

579- Afuera – *Outside*

Voy a intentar comenzar de nuevo **afuera.**
I'll try starting again **outside.**

580- Digas – *You say*

Lo que tu **digas;** francamente ya no me importa.
Whatever **you say;** frankly I no longer care.

581- La – *The (Feminine)*

La carretera está en muy malas condiciones.
The highway is in very bad conditions.

582- Mía – *Mine (Feminine)*

Es mi casa, solo **mía** y de más nadie.
It's my house, just **mine** and nobody else's.

583- Murió – *Died*

El joven cayó de un décimo piso y **murió** trágicamente.
The young man fell from a tenth floor and **died** tragically.

584- Dio – *Gave*

El **dio** tanto por la comunidad en la que vivimos.
He **gave** so much to the community that we live in.

585- Café – *Coffee*

Sólo quiero ir por un **café** contigo.
I just want to go for a **coffee** with you.

586- Entiendes – *You understand*

Me gusta hablar contigo porque siempre **entiendes**.
I like to talk with you because you always **understand**.

587- Nuestras – *Our*

Nuestras vacaciones fueron las mejores de todas.
Our vacations were the best of them all.

588- Piensa – *Thinks*

Él **piensa** que las cosas siguen igual entre nosotros.
He **thinks** things continue the same among us.

589- Ello – *It*

Incluso si **ello** signifique el final de todo.
Even if **it** means the end of everything.

590- Lleva – *Carrying/Takes*

Si ella **lleva** dos kilogramos, ¿por qué se queja?
If she's **carrying** two kilograms, why is she complaining?

591- Estuvo – *Was*

Conozco un chico que **estuvo** preso este año.
I know a kid who **was** in jail this year.

592- Último – *Last*

Ya lo veo venir, seré el **último** en saberlo.
I can see it coming; I'll be the **last** to know.

593- Diciendo – *Saying*

Hay personas **diciendo** cosas feas sobre nosotros.
There are people **saying** ugly things about us.

594- Grandes – *Big (Plural)*

Grandes ideas son las que transforman el mundo.
Big ideas are those that transform the world.

595- Sitio – *Site*

Cuando lleguemos al **sitio** te mostraré todo.
When we reach the **site** I'll show you everything.

596- Libro – *Book*

Me aprendí todo lo que salía en el **libro**.
I learned everything that was in the **book**.

597- Buscando – *Searching*

Me he encontrado **buscando** un propósito.
I've found myself **searching** for a purpose.

598- Bebé – *Baby*

Ella tuvo un **bebé** y lo llamó Francisco.
She had a **baby** and she called him Francisco.

599- Cállate – *Shut up*

Cállate, ya no quiero escucharte hablar.
Shut up, I don't want to listen to you anymore.

600- Vuelve – *Return*

Eso que has perdido ya no **vuelve,** olvídalo.
That which you've lost won't **return,** forget it.

601- Jamás – *Never*

¡Yo **jamás** voy a copiarme en el examen!
I will **never** cheat on the exam!

602- Minutos – *Minutes*

Llegué aquí hace cinco **minutos,** ¿dónde estás?
I arrived here five **minutes** ago, where are you?

603- Arma – *Weapon*

Si no bajas el **arma,** te van a disparar.
If you don't lower your **weapon,** they'll fire at you.

604- Viaje – *Travel/Trip*

Estoy planeando un **viaje** a la capital este verano.
I'm planning a **trip** to the capital this summer.

605- Única – *Only (Feminine)*

La **única** persona que ha logrado eso eres tú.
The **only** person who has accomplished that has been you.

606- Muchachos – *Boys*

Los **muchachos** se fueron a la fiesta sin remordimientos.
The **boys** went to the party without any regrets.

607- Perdido – *Lost*

¿Nunca te has **perdido** en el bosque oscuro?
Have you ever gotten **lost** in the dark forest?

608- Jugar – *Play*

Quiero que los niños salgan a **jugar** esta tarde.
I want the kids to go out and **play** this afternoon.

609- Diez – *Ten*

¿Me aceptarías tres billetes de **diez**?
Would you accept three bills of **ten**?

610- Vemos – *We see*

Hay veces que **vemos** solamente lo más obvio.
Sometimes **we see** only the most obvious part.

611- Dado – *Given*

Nunca te ha **dado** lo que en realidad querías.
She's never **given** you what you really wanted.

612- Sabemos – *We know*

Sabemos que el asesino dejó rastros aquí.
We know that the killer left tracks here.

613- Mil – *One thousand*

Tengo **mil** razones para irme y una para quedarme.
I have **one thousand** reasons to go and one to stay.

614- Demás – *The rest*

Los **demás** ya no están presentes.
The **rest** are no longer present.

615- Gusto – *Taste*

Tu novia tiene muy buen **gusto** para vestir.
Your girlfriend has a very good **taste** in dressing.

616- Peor – *Worst*

Este es el **peor** tratado comercial en la historia.
This is the **worst** trade deal in history.

617- Irme – *Leave*

Quiero **irme** y jamás regresar a este lugar.
I want to **leave** and never return to this place.

618- Jack – *Jack*

El protagonista, **Jack,** es un hombre muy guapo.
The protagonist, **Jack,** is a very handsome man.

619- Estaban – *They were*

Estaban en serios aprietos ahora: el negocio ya no producía.
They were in serious trouble now: the business wasn't producing.

620- Orden – *Order*

Las fuerzas del **orden** nos protegen del mal.
The forces of **order** protect us from evil.

621- Pasando – *Going/Happening*

¿Qué está **pasando** allá afuera, carajo?
Fuck, what is **happening** outside?

622- Cambio – *Change*

Últimamente he sentido que necesito un gran **cambio**.
Lately I've felt I need a huge **change**.

623- Extraño – *Strange*

Si te sientes **extraño**, considera ir al médico.
If you feel **strange**, consider going to the doctor.

624- Pobre – *Poor*

Su rendimiento en el partido fue **pobre**.
His performance in the match was **poor**.

625- Ropa – *Clothes*

Quítate la **ropa** y hablemos a solas.
Take off your **clothes** and let's talk in prívate.

626- Queremos – *We want*

No es tanto pedir: **queremos** más empleos.
It's not too much to ask: **we want** more jobs.

627- Oficina – *Office*

En la **oficina** hemos tenido mucha tensión.
There has been a lot of **tension** at the office.

628- Sino – *If not*

Necesito verte. **Sino,** me volveré loco.
I need to see you. **If not,** I'll go crazy.

629- Modo – *Manner/Way*

¡Dilo de cualquier **modo,** pero dilo por favor!
Say it in any **way,** but say it please!

630- Ocurre – *Occurs*

Yo estoy al tanto de lo que **ocurre** acá.
I'm aware of what **occurs** here.

631- Muchacho – *Kid/Boy*

Ese **muchacho** no aprende de sus errores.
That **kid** doesn't learn from his mistakes.

632- Otras – *Others (Feminine)*

Otras personas han hablado mal de mí.
Other people have talked badly about me.

633- Hará – *Will do*

Descuida, mi mama **hará** el almuerzo hoy.
Don't worry, my mother **will do** lunch today.

634- Libre – *Free*

Cuando por fin sea **libre,** haré lo que quiera.
When I'm finally **free,** I'll do what I want.

635- Conoces – *You know*

Esos que crees que **conoces** te traicionan.
Those who you believe **you know** are betraying you.

636- Piensas – *You think*

Aunque **piensas** que nadie sabe, todos lo sabemos.
Though **you think** that nobody knows, we all do.

637- Presidente – *President*

Desde las elecciones, el **Presidente** está desaparecido.
Since the elections, the **President** is missing.

638- Especial – *Special*

Vístete, quiero hacer algo **especial** esta noche.
Get dressed, I want to do something **special** tonight.

639- Anoche – *Last night*

Anoche creo que conocí al amor de mi vida.
Last night I think I met the love of my life.

640- Millones – *Millions*

Si te lo propones puedes hacer **millones**.
If you believe in yourself you can make **millions**.

641- Acerca – *About*

Esta historia es **acerca** de una niña huérfana.
This story is **about** an orphan girl.

642- Derecho – *Law*

Ese es el chico que estudia **derecho** en la universidad.
That is the guy who studies **law** at the university.

643- Negro – *Black*

El **negro** te luce bien con tu cabello claro.
Black looks good on you with your light-colored hair.

644- Acá – *Here*

Tenemos que hacer algo por lo que sucede **acá**.
We have to do something about what's happening **here**.

645- Caballeros – *Gentlemen*

Caballeros, nos reunimos el día de hoy para celebrar.
Gentlemen, we gather today to celebrate.

646- Semanas – *Weeks*

Han pasado **semanas** y no sé nada de él.
It's been **weeks** and I haven't heard from him.

647- Palabras – *Words*

Trabajo a una tasa de quince dólares por mil **palabras.**
I work at a fee of fifteen dollars per thousand **words.**

648- Buscar – *Search*

Si no lo consigues, puedes **buscar** en línea.
If you don't find it, you can **search** for it online.

649- Segura – *Safe (Feminine)*

Nunca me sentiré tan **segura** como contigo.
I'll never feel as **safe** as with you.

650- Correcto – *Correct*

Si no está **correcto** mi comportamiento, dímelo.
If my behavior isn't **correct,** just tell me.

651- Frente – *Front*

Mandaron a los soldados al **frente** de batalla.
They sent the soldiers to the battle's **front.**

652- Hacemos – *We make*

Nosotros **hacemos** un equipo genial, de verdad.
We make a great team, really.

653- Seas – *Be*

No **seas** tan indeciso, ¡solo dime qué quieres!
Don't **be** so indecisive, just tell me what you want!

654- Detrás – *Behind*

Voltea, hay una gran sorpresa **detrás** de ti.
Turn around, there's a huge surprise **behind** you.

655- Puesto – *Placed*

No consigo mis llaves, ¡sé que las había **puesto** acá!
I can't find my keys, I'd **placed** them here!

656- Asunto – *Subject*

Hay reunion más tarde. **Asunto:** las ventas de invierno.
There's a meeting later. **Subject:** the winter sales.

657- Duro – *Hard*

Le dio un golpe tan **duro** que lo noqueó.
He hit him so **hard** that he knocked him out.

658- Sucede – *Happens*

Eso es algo que simplemente **sucede,** sólo espéralo.
That's something which simply **happens,** just wait for it.

659- Llamar – *Call*

Esta noche te voy a **llamar** y hablamos bien.
Tonight I'll **call** you and we can talk properly.

660- Disculpe – *Sorry*

Disculpe, creo que me equivoqué de numero.
Sorry, I think I called the wrong number.

661- Boca – *Mouth*

Estoy casi seguro que la vi besándole la **boca**.
I'm almost sure I saw her kissing his **mouth**.

662- Atención – *Attention*

Antes de conocerte, necesitaba llamar tu **atención**.
Before meeting you, I needed to get your **attention**.

663- Mire – *Look (Formal)*

Mire, yo odio las mentiras así que evítelas.
Look, I hate lies so you best avoid them.

664- Armas – *Weapons*

En su apartmento consiguieron **armas** de todo tipo.
In his apartment they found **weapons** of all kinds.

665- Encima – *Above*

La botella está **encima** de la mesa.
The bottle is **above** the table.

666- Demonios – *Damn it*

Demonios, pensé que ya sería el fin de los problemas.
Damn it, I thought I'd seen the end of the problems.

667- Mala – *Bad (Feminine)*

La tercera película es realmente muy **mala**.
The third movie is really very **bad**.

668- Llevar – *Take/Carry*

Quiero **llevar** unas maletas a la capital.
I want to **take** some suitcases to the capital.

669- Cual – *Who*

Antonio, el **cual** no nunca venía, se retiró hoy.
Antonio, **who** never came, quit today.

670- Odio – *Hatred*

Desconfianza y **odio** es lo que siento hacia ellos.
Distrust and **hatred** is what I feel towards them.

671- Hospital – *Hospital*

Sus heridas fueron atendidas en el **hospital** más cercano.
Her injuries were taken care of in the nearest **hospital**.

672- Deben – *Should (Plural)*

Los jovenes de hoy día **deben** aprender a respetar.
The youngsters of today **should** learn to respect.

673- Sueño – *Dream/Sleepiness*

Hoy tuve un **sueño** contigo: eramos novios.
I had a **dream** with you today: we were boyfriends.

674- Quieras – *You want*

Podemos ir donde tu **quieras,** en serio.
Honestly, we can go wherever **you want**.

675- Resto – *Rest*

Siempre intenta ser mejor que el **resto**.
Always try to be better than the **rest**.

676- Llamo – *I call*

Cuando **llamo** a mi madre, nunca contesta el teléfono.
When **I call** my mother, she never answers the phone.

677- Perder – *Lose*

Así soy yo: jamás me ha gustado **perder.**
That's the way I am: I've never liked to **lose.**

678- Llamado – *Called*

Dijo que nunca lo había **llamado** antes.
He said I'd never **called** him before.

679- Perfecto – *Perfect*

Hay personas que parecen demasiado **perfectas** para ser reales.
There are people that seem too **perfect** to be true.

680- Estaré – *I'll be*

Si me necesitas, **estaré** trabajando arriba.
If you need me, **I'll be** working upstairs.

681- Tranquilo – *Quiet*

Este sector es el más **tranquilo** de la ciudad.
This area is the most **quiet** of the city.

682- York – *York*

Voy a visitar a mi prima en Nueva **York** este fin de semana.
I'm visiting my cousin in New **York** this weekend.

683- Seguridad – *Security*

Me encanta alguien que me dé **seguridad.**
I love someone who can give me **security.**

684- Ayudar – *Help*

Avísame si puedes venir a **ayudar,** te necesitamos.
Let me know if you can come and **help,** we need you.

685- Tuvo – *Had*

Su madre **tuvo** que conseguir un trabajo extra.
His mother **had** to find an extra job.

686- Largo – *Long*

Este es un cuento muy **largo**, pero te interesará.
This is a **long** story, but it will interest you.

687- Pena – *Shame*

Yo te ahorraré la **pena** de ir a preguntar.
I'll save you the **shame** of having to ask.

688- Probablemente – *Probably*

Si me lo preguntas, **probablemente** si es así.
If you're asking, it's **probably** like that.

689- Ayer – *Yesterday*

Ayer, hubo un número anormal de incidentes.
Yesterday, there was an abnormal number of incidents.

690- Dile – *Tell him/her*

Dile la verdad y así pueden resolver todo.
Tell him the truth and then you can resolve everything.

691- Prueba – *Proof*

Si esto no es **prueba** de tu engaño, ¿qué es?
If this isn't **proof** of your cheating, then what is it?

692- Siendo – *Being*

Creo que estás **siendo** sumamente egoísta.
I think you're **being** incredibly selfish.

693- Bonito – *Cute*

Es un perro muy **bonito,** ¡me encanta!
It's a very **cute** dog, I love it!

694- Recuerdas – *You remember*

Creo que **recuerdas** cuando todo aun estaba bien.
I think **you remember** when everything was still okay.

695- Haz – *Do/Make*

Haz las cosas con amor para que salgan bien.
Do everything with love so that they come out right.

696- Real – *Real*

Nunca he tenido un amor tan **real** como éste.
I've never felt love so **real** such as this one.

697- Verás – *You'll see*

En dos semanas **verás** resultados reales, créeme.
In two weeks **you'll see** real results, believe me.

698- Increíble – *Amazing*

Tengo una habilidad **increíble** de no poder dormir.
I have an **amazing** ability to not feel sleepy.

699- Quisiera – *Like*

Sé que él **quisiera** que tú no me hablaras.
I know he'd **like** you not to talk to me.

700- Tonto – *Fool*

Sólo por eso, eres más **tonto** de lo que creí.
Just for that, you're more of a **fool** than I'd thought.

701- Simplemente – *Simply*

Simplemente déjame hacer las cosas a mi manera.
Simply allow me to do things my way.

702- Vámonos – *Let's go*

Vámonos, aquí ya no me siento cómodo.
Let's go, I no longer feel comfortable around here.

703- Haría – *Would do*

No, él te **haría** algo muy distinto a ti.
No, he **would do** something very different to you.

704- Preguntas – *Questions*

Tengo mil **preguntas** que hacerte, ¿está bien?
I have a thousand **questions** to ask you, is it okay?

705- Aire – *Air*

Siento que lo necesito más que al **aire**.
I think I need it more than **air** itself.

706- Conoce – *Know*

El no **conoce** mi lado malo aún.
He doesn't **know** my ugly side yet.

707- Fuerza – *Force/Strength*

Entreno para adquirir más **fuerza** y resistencia.
I train to acquire more **strength** and endurance.

708- Carta - *Letter*

Quiero escribirle una **carta** al alcalde.
I want to write a **letter** to the mayor.

709- Trato – *Treatment*

Su **trato** de la situación no fue la mejor.
His **treatment** of the situation wasn't the best.

710- Plan – *Plan*

El **plan** es sencillo: encontrar un trabajo.
The **plan** is simple: to find a job.

711- Ése – *That one (Masculine)*

¿Cuál postre te quieres comer? ¿**Ése**?
Which dessert do you want to eat? **That one?**

712- Verlo – *See him*

Cuando se sintió mal, nadie fue a **verlo**.
When he felt bad, nobody went to **see him.**

713- Hambre – *Hunger/Hungry*

Cuando llega esta hora, siempre tengo **hambre**.
When this time arrives, I always feel **hungry.**

714- Vuelto – *Returned*

Aún a esta hora, mi hijo no ha **vuelto**.
Even at this hour, my son hasn't **returned.**

715- Empezar – *Start*

Por favor, no vayas a **empezar** ya.
Please, don't **start** already.

716- Campo – *Countryside*

Vive en una casa en el **campo** con animales.
He lives in a house with animals on the **countryside.**

717- Acaba – *Just*

Lo que te conté **acaba** de suceder.
What I told you **just** took place.

718- Hablas – *Speak/Saying*

Ni tú mismo sabes de qué **hablas**.
Not even you know what you're **saying**.

719- Vive – *Lives*

Mi padre **vive** en el otro lado de la ciudad.
My father **lives** on the other side of town.

720- Barco – *Ship*

El **barco** no inspira mucha confianza.
The **ship** doesn't look very safe.

721- Hotel – *Hotel*

Nos quedaremos en un **hotel** por cinco días.
We'll stay at a **hotel** for five days.

722- Poner – *Put/Place*

Tuve que **poner** de vuelta lo que había agarrado.
I had to **put** back what I'd taken.

723- Grupo – *Group*

No se separen del **grupo**, no es seguro.
Don't split up from the **group**, it's not safe.

724- Creí – *I thought*

Creí que podia confiar en ti y estaba equivocado.
I thought I could trust you and I was wrong.

725- Sol – *Sun*

El **sol** amaneció muy candente hoy.
The **sun** rose hotter than usual today.

726- Tuyo – *Yours*

¿Este número es **tuyo?** Me llamaron de ahí.
Is this number **yours?** Someone called from there.

727- Pase – *Pass*

Su **pase** fue directo al jugador del otro equipo.
His **pass** went straight to the other team's player.

728- José – *Joe*

Hola **José,** ¿qué estás haciendo?
Hello **Joe,** what are you doing?

729- Voz – *Voice*

Me dijeron que tu **voz** es muy hermosa.
They told me your **voice** is very beautiful.

730- Baño – *Bathroom*

El **baño** está arriba y a la izquierda.
The **bathroom** is upstairs and on the left.

731- Usar – *Use*

Voy a tener que **usar** tu computadora.
I'm going to need to **use** your computer.

732- Conseguir – *Get*

Con ese comportamiento no vas a **conseguir** nada.
With that behavior you won't **get** anything.

733- Placer – *Pleasure*

Ella es capaz de darme mucho **placer**.
She's capable of giving me a lot of **pleasure**.

734- Llegado – *Arrived*

Lo que no sabía es que ya había **llegado**.
What I didn't know is that I'd already **arrived**.

735- Decirte – *Tell you*

Necesitaba **decirte** que las cosas van a cambiar.
I needed to **tell you** that things are changing soon.

736- Profesor – *Teacher (Masculine)*

Hoy no va a dar clases el **profesor**.
Today the **teacher** won't teach class.

737- Noticias – *News*

Más tarde me verás en las **noticias**.
You'll see me on the **news** later on.

738- Lamento – *Lament/I Regret*

Lamento no poder acompañarte en estos momentos.
I regret I cannot be with you during these moments.

739- Decirle – *Tell*

Le tenemos una sorpresa; ¡no vayas a **decirle** nada!
We have a surprise; don't **tell** her anything!

740- Blanco – *White/Target (Masculine)*

El perro **blanco** llegó sucio a su casa.
The **white** dog arrived dirty to his home.

741- Quédate – *Stay*

Quédate, prometo que haré que valga la pena.
Stay, I promise I'll make it worth your while.

742- Estuve – *I was*

Estuve en París por seis meses, ahí aprendí francés.
I was in Paris for six months, where I learned French.

743- Pie – *Foot*

Me caí jugando futbol y me lesioné el **pie.**
I fell while playing football and injured my **foot.**

744- Anda – *Go*

Anda a buscar a tu hermano y avísale.
Go and look for your brother and let him know.

745- Espere – *Wait*

Espere, aquí hay algo que debe corregir.
Wait, there's something here you have to fix.

746- Edad – *Age*

Soy alguien que pareciera de menos **edad.**
I'm someone that looks younger than my real **age.**

747- Secreto – *Secret*

El problema es que tú no sabes guardar un **secreto.**
The problem is that you can't keep a **secret.**

748- Podríamos – *We could*

Podríamos ir a la playa este fin si quieres.
We could go to the beach this weekend if you want.

749- Compañía – *Company*

Los dueños de la **compañía** harán un desayuno mañana.
The owners of the **company** will host a breakfast tomorrow.

750- Tren – *Train*

Si no salgo en diez minutos, perderé mi **tren**.
If I don't leave in ten minutes, I'll miss my **train**.

751- Recuerda – *Remember*

Recuerda, hay muchas personas que dependen de ti.
Remember, there are a lot of people depending on you.

752- Tras – *After*

Tras salir del bar, no se supo más de él.
After leaving the bar, he was never heard of again.

753- Siéntate – *Sit down*

Por favor, solo **siéntate** y compórtate.
Please, just **sit down** and behave.

754- Prisa – *Hurry*

Quiero saber por qué siempre andas tan de **prisa**.
I want to know why you're always in a **hurry**.

755- Vista – *View*

La ciudad se ve realmente hermosa desde esta **vista**.
The city looks truly wonderful from this **view**.

756- Hermosa – *Beautiful*

Me vas a perdonar, pero tu hermana es **hermosa**.
Forgive me for this, but your sister is **beautiful**.

757- Negocio – *Deal/Business*

Creo que no va a proceder este **negocio.**
I think this **deal** won't proceed any further.

758- Deberíamos – *We should*

Deberíamos considerar cerrar y declarar bancarrota.
I think we should consider closing and filing bankruptcy.

759- Gustan – *Like (Plural)*

Hay personas aquí que no me **gustan.**
There are people here that I don't **like.**

760- Pagar – *Pay*

Esta es una deuda que te debo **pagar.**
This is a debt that I must **pay** you back.

761- Jorge – *George*

Jorge al fin se compró la casa de sus sueños.
George finally bought the house of his dreams.

762- Futuro – *Future*

El **futuro** es incierto, trabaja para el presente.
The **future** is uncertain, work for the present.

763- Silencio – *Silence*

Un **silencio** profundo vino después de sus declaraciones.
A deep **silence** followed his statements.

764- Siente – *Feels*

Ella a veces **siente** que tú no la amas.
She sometimes **feels** that you don't love her.

765- Médico – *Doctor*

¡Oye! ¡El **médico** te recomendó no comer tanta grasa!
Hey! The **doctor** recommended not eating so much fat!

766- Maestro – *Teacher (Masculine)*

El **maestro** te va a quitar puntos si se da cuenta.
The **teacher** will take points off you if he realizes.

767- Quiera – *Wants*

No es lo que él **quiera,** es lo que yo diga.
It's not what he **wants,** it's what I say.

768- Llegó – *Arrived*

Tu pedido **llegó** ayer, búscalo pronto.
Your order **arrived** yesterday, pick it up soon.

769- Loca – *Crazy (Feminine)*

Cuando tomas mucho, te pones como una **loca.**
When you drink too much, you go **crazy.**

770- Cambiar – *Change*

No voy a **cambiar** sólo porque ellos quieren.
I'm not going to **change** just because they want.

771- Franco – *Frank*

Voy a ser **franco,** las cosas van muy mal.
I'll be **frank,** things are going very badly.

772- Sal – *Salt*

A este plato le falta un poco de **sal.**
This meal needs a bit of **salt.**

773- Control – *Control*

No te gusta perder el **control,** ¿cierto?
You don't like losing **control,** do you?

774- Raro – *Weird (Masculine)*

Hay algo muy **raro** que no me quieres decir.
There's something very **weird** that you're hiding.

775- Viste – *See*

¿**Viste** que se casó la vecina de en frente?
Did you **see** that our neighbor got married?

776- Novia – *Girlfriend*

¡Mañana cumplo cinco años con mi **novia!**
Tomorrow I'm celebrating my fifth anniversary with my **girlfriend!**

777- Diferente – *Different*

Había esperado que todo esto fuera **diferente.**
I'd hoped that all this would be **different.**

778- Imposible – *Impossible*

Nada es **imposible** si le pones esfuerzo y dedicación.
Nothing is **impossible** if you apply effort and dedication.

779- Y – *And*

Tenemos que hacer una fiesta de chicos **y** chicas.
We have to do a party for boys **and** girls.

780- Amiga – *Friend (Feminine)*

No me gusta tu **amiga,** espero lo sepas.
I don't like your **friend,** I hope you're aware.

781- Enseguida – *Right away*

Tenemos que salir **enseguida,** ¡creo que está grave!
We have to leave **right away,** I think she's hurt!

782- Llamada – *Call*

¿Me permites una **llamada** desde tu teléfono?
Can you allow me to **call** from your phone?

783- Dan – *Give*

Mis tíos siempre me **dan** algo en Navidad.
My aunt and uncle always **give** me something for Christmas.

784- Dejó – *Left*

¡Llama a tu papa; **dejó** su cartera!
Call your father; he **left** his wallet!

785- Mes – *Month*

Este **mes** fue el mejor para mí del año entero.
This **month** was the best of the year for me.

786- Llevo – *I'm taking*

Tú ocúpate de las bebidas, yo **llevo** la comida.
You worry about the drinks, **I'm taking** the food.

787- Avión – *Airplane*

¡Apúrate! ¡Ya casi sale el **avión!**
Hurry up! The **airplane** is almost leaving!

788- Pelo – *Hair*

Quiero hacer algo nuevo con mi **pelo.**
I want to do something new with my **hair.**

789- Té – *Tea*

¡El **té** que preparaste estaba absolutamente delicioso!
The **tea** you made was absolutely delicious!

790- Error – *Error*

Lo que hice fue un **error,** perdóname.
What I did was an **error,** forgive me.

791- Haremos – *We'll do*

Haremos cosas divertidas en el viaje, ya verás.
We'll do fun things on the trip, you'll see.

792- Tendrá – *Will have*

Mi esposa **tendrá** un bebé varón en Abril.
My wife **will have** a baby boy in April.

793- Propia – *Own (Feminine)*

El año que viene quiero vivir en una casa **propia.**
Next year, I want to live in my **own** house.

794- Siguiente – *Following*

La **siguiente** semana, lograron cumplir el objetivo.
The **following** week, they managed to achieve their objective.

795- Ganar – *Win*

Si todo sale bien, estamos en una situación **ganar-ganar.**
If all goes well, we'll be in a **win-win** situation.

796- Ley – *Law*

No podemos hacer algo que **quebrante** la ley.
We can't do something that **breaks** the law.

797- Dolor – *Pain*

El **dolor** del arrepentimiento es el peor que hay.
The **pain** of regret is the worst there is.

798- Oro – *Gold*

Voy a tener que vender mis prendas de **oro**.
I'm going to have to sell my **gold** jewelry.

799- Ten – *Take*

Ten esta foto de mi para que me recuerdes.
Take this photograph so that you can remember me.

800- Acabó – *Finished/Ended*

Su relación **acabó,** no la molestes más.
Your relationship **ended,** don't bother her anymore.

801- Maldición – *Curse*

Este país está bajo una **maldición,** ¿no crees?
This country is under a **curse,** don't you think?

802- Oficial – *Official*

Ya es **oficial,** ¡gané la lotería!
It's **official,** I've won the lottery!

803- Situación – *Situation*

La **situación** económica solo empeora a diario.
The economical **situation** only gets worse by day.

804- Daño – *Damage*

Si sufriste algún **daño,** házmelo saber.
If you suffered any **damage,** let me know.

805- Sientes – *You feel*

Dime lo que **sientes,** necesito escucharlo.
Tell me what **you feel,** I need to hear it.

806- Entendido – *Understood*

No más salidas de noche, ¿**entendido** hijo?
No more nights out, **understood** son?

807- Deseo – *Wish*

Mi único **deseo** es que mi padre regrese.
My only **wish** is for my dad to return.

808- Mente – *Mind*

Ella tiene mucha influencia sobre tu **mente.**
She has a lot of influence over your **mind.**

809- Ejército – *Army*

El **ejército** estadounidense es sumamente poderoso.
The United States **army** is incredibly powerful.

810- Comprar – *Buy*

¿Quieres algo? Voy saliendo a **comprar** unas cosas.
Do you want something? I'm going to **buy** some stuff.

811- Muertos – *Dead (Plural)*

Ese accidente ferroviario dejó cuarenta **muertos.**
That train accident left forty **dead.**

812- Pensaba – *Thought*

Yo **pensaba** que eras alguien de fiar.
I **thought** you were someone trustworthy.

813- Darle – *Give*

Yo quería **darle** una paliza, pero me detuve.
I wanted to **give** him a beating, but I didn't.

814- Estúpido – *Stupid/Fool (Masculine)*

A veces te comportas como **estúpido**.
Sometimes you behave like a **fool**.

815- Decía – *Said*

Ella **decía** que no iba a pasar y pasó.
She **said** it wouldn't happen and it did.

816- Acabo – *Just*

Acabo de hablar con tu madre, está contenta.
I **just** spoke to your mother, she's happy.

817- David – *David*

David tiene un dolor de cabeza terrible hoy.
David has a terrible headache today.

818- Suena – *Sounds*

¿Qué es ese ruido? **Suena** como una ametralladora.
What is that noise? It **sounds** like a machine gun.

819- Mitad – *Half*

La **mitad** de todo lo que ves es tuyo.
Half of all of what you see is yours.

820- Caballo – *Horse (Masculine)*

Montar a **caballo** es una experiencia indescriptible.
Mounting a **horse** is an indescribable experience.

821- Asesino – *Killer (Masculine)*

Acaban de enterarse que su hijo es un **asesino** violador.
They just heard that their son is a rapist **killer.**

822- Vio – *Saw*

Él no está seguro de qué **vio,** exactamente.
He isn't sure what he **saw,** exactly.

823- Permiso – *Permission*

Pide **permiso** para ir al cine.
Ask for **permission** to go to the cinema.

824- Ellas – *They/Them (Feminine)*

Tengo una sorpresa grata para **ellas,** créeme.
I have a nice surprise for **them,** believe me.

825- Trabajando – *Working*

Tengo meses **trabajando** y no puedo ahorrar nada.
I've been **working** for months and I can't save anything.

826- Maravilloso – *Wonderful*

Deseo conseguir un amor **maravilloso** como en las películas.
I wish to find **wonderful** love like in the movies.

827- Mesa – *Table*

Pon la comida sobre la **mesa,** está caliente.
Put the food on the **table,** it's too hot.

828- Divertido – *Funny*

¡Me encanta lo **divertido** que eres!
I love how **funny** you are!

829- Mejores – *Best (Plural)*

Las **mejores** noches de mi vida las viví esa semana.
I lived the **best** nights of my life that week.

830- Próxima – *Next (Feminine)*

Te perdonaré, pero no habrá una **próxima** vez.
I'll forgive you, but there won't be a **next** time.

831- Entra – *Enter/Come in*

Entra, debe estar haciendo bastante frío afuera.
Come in; it must be very cold outside.

832- Atardecer – *Sunset*

Quiero sentarme a ver el **atardecer** contigo.
I want to sit and watch the **sunset** with you.

833- Mar – *Sea*

Mi mayor temor es perderme en el **mar**.
My greatest fear is to be lost at **sea**.

834- Siete – *Seven*

Hay **siete** temas que estudiar para el examen final.
There are **seven** subjects to study for the final exam.

835- Hacia – *Toward*

Quiero saber **hacia** donde te diriges esta noche.
I want to know where you're headed **toward** tonight.

836- Sexo – *Sex*

No es lo mismo el **sexo** a hacer el amor.
Having **sex** isn't the same as making love.

837- Encanta – *Love*

Me **encanta** como te queda esa blusa rosada.
I **love** how that pink blouse looks on you.

838- Amable – *Friendly*

No esperaba que quedara alguien **amable** en este pueblo.
I didn't expect anyone **friendly** here in this town.

839- Mensaje – *Message*

Creo que no te llegó el **mensaje,** ¿verdad?
I think you didn't receive the **message,** did you?

840- Información – *Information*

La **información** que me transmitieron era incorrecta.
The **information** that they transmitted to me was incorrect.

841- Traje – *Suit*

¡Me pondré el **traje** para bucear y vamos al agua!
I'll put my scuba-diving **suit** on and let's dive!

842- Alma – *Soul*

Es una persona horrible, pareciera no tener **alma**.
He's a horrible person, as if he had no **soul**.

843- Encontrado – *Found (Masculine)*

El tesoro fue **encontrado** doscientos años después de perderse.
The treasure was **found** two hundred years after being lost.

844- Coronel – *Colonel*

Fue ascendido a **coronel** por sus actos de valor.
He was promoted to **colonel** for his acts of valor.

845- Dale – *Go ahead*

Dale, adelante y sin mirar atrás.
Go ahead, forward and without turning back.

846- San – *Saint (Masculine)*

San Carlos siempre nos cuida del mal.
Saint Charles always protects us from evil.

847- Cena – *Dinner*

Soy muy floja para preparar la **cena** y olvido comer.
I'm too lazy to make **dinner** and forget to eat.

848- Encontré – *I found*

Encontré un sitio donde venden pizzas espectaculares.
I found a place where they sell amazing pizzas.

849- Carlitos – *Charlie*

Carlitos ya pasó a sexto grado, ¡estoy orgullosa!
Charlie is now in sixth grade, I'm so proud!

850- Tendrás – *You'll have*

Si trabajas duro, **tendrás** lo que quieres.
If you work hard, **you'll have** everything you want.

851- Eras – *You were*

Antes **eras** más humilde, ¿qué te pasó?
You were more humble before, what happened to you?

852- Propio – *Own (Masculine)*

No tengo techo **propio** ni carro, es triste.
I don't have my **own** roof or car, it's sad.

853- Culo – *Ass*

Mueve ese **culo,** ¡baila como si no hubiese mañana!
Shake that **ass,** dance like there's no tomorrow!

854- Así – *Like that*

No juegues más nunca **así,** me decepcionaste.
Don't ever play **like that** again, you disappointed us.

855- Adentro – *Inside*

Hay torta **adentro** de la nevera si quieres.
There's cake **inside** the fridge if you want.

856- Canción – *Song*

Esa **canción** me hace tener escalofríos.
That **song** gives me the chills.

857- Gobierno – *Government*

Este es el peor **gobierno** que el país ha tenido.
This is the worst **government** the country has ever had.

858- Samba – *Samba*

Acá se baila la mejor **samba** del mundo.
Here, we dance the best **samba** in the world.

859- Temo – *I fear*

Temo que no tengamos otra oportunidad para pasar.
I fear that we don't get another opportunity to pass.

860- Abre – *Open*

Esa tienda no **abre** los domingos.
That store doesn't **open** on Sundays.

861- Dijeron – *They said*

No sé, pero a mi me **dijeron** que sí.
I don't know, but **they said** yes to me.

862- Fuiste – *You went/were*

Fuiste el único que **fuiste** a clase hoy.
You were the only one that **went** to class today.

863- Media – *Half (Feminine)*

Media manzana es todo lo que he comido hoy.
Half an apple is all I've eaten today.

864- Das – *You give*

Me gusta cuando les **das** regalos a los niños enfermos.
I like it when **you give** gifts to the sick children.

865- Estábamos – *We were*

Estábamos en pleno almuerzo cuando ocurrió el incidente.
We were having lunch when the incident occurred.

866- Estaría – *Would be*

Me dijo que **estaría** en la estación del tren.
He said he **would be** at the train station.

867- Daré – *I'll give*

Para pasar este examen, **daré** todo de mí y más.
To pass this exam, **I'll give** everything and more.

868- Vosotros – *You (Plural, Formal)*

Vosotros, los de alla, ¿podéis venir?
You, over there, can you come?

869- Frío – *Cold*

No me gusta el **frío** extremo de esta ciudad.
I don't like the extreme **cold** of this city.

870- Foto – *Photograph*

Cargo siempre una **foto** tuya en mi billetera.
I always carry your **photograph** in my wallet.

871- Accidente – *Accident*

Luego del **accidente,** más nunca manejó rápido.
After the **accident,** he never drove quickly again.

872- Derecha – *Right*

En el pasillo de la **derecha** encontrarás lo que buscas.
You'll find what you're searching for in the **right** aisle.

873- Funciona – *Work*

No **funciona** una relación donde hay mala comunicación.
A relationship with a lack of communication doesn't **work**.

874- Vayas – *Go*

No te **vayas,** tengo algo más para ti.
Don't **go,** I have something else for you.

875- Centro – *Center*

En el **centro** del laberinto hallarás la escapatoria.
You will find escape at the **center** of the labyrinth.

876- Necesario – *Necessary*

No fue bonito, pero si fue **necesario.**
It wasn't cute, but it was **necessary.**

877- Miren – *Look (Plural)*

¡**Miren** eso, un perro que baila!
Look at that, a dog that can dance!

878- Bonita – *Pretty (Feminine)*

Ella es mi niña **bonita,** mi flor hermosa.
She is my **pretty** girl, my beautiful flower.

879- Ante – *Before*

Quiero ser un buen hombre **ante** Dios.
I want to be a good man **before** God.

880- Terrible – *Terrible*

Lo que está ocurriendo en ese país es **terrible.**
What's happening in that nation is **terrible.**

881- Pude – *I could*

Pude haber detenido esa tragedia y no lo hice.
I could have stopped that tragedy and didn't.

882- Teniente – *Lieutenant*

El **teniente** es un hombre digno de respeto.
The **lieutenant** is a man worthy of respect.

883- Luna - *Moon*

La **luna** brilla hoy más bella que nunca.
The **moon** is shining more beautifully than ever tonight.

884- Izquierda – *Left (Feminine)*

Los filósofos de **izquierda** tenían ideas muy revolucionarias.
The philosophers of the **left** had very revolutionary ideas.

885- Ustedes – *You (Plural)*

Ustedes y su irresponsabilidad, ¿hasta cuándo?
You and your irresponsibility, when will you change?

886- Doy – *I give*

¡**Doy** todo por ustedes, y de vuelta no recibo nada!
I give everything for you, and don't receive anything back!

887- Servicio – *Service*

¡Su **servicio** de atención al cliente es pésimo!
Your customer **service** is pathetic!

888- Llamas – *Flames*

Los bomberos intentan aplacar las **llamas**.
The firemen are trying to extinguish the **flames**.

889- Normal – *Normal*

Quiero vivir una vida **normal** sin estrés.
I want to live a **normal** life without stress.

890- Junto – *Together*

Quiero estar siempre **junto** a ti, mi amor.
I want to be **together** with you forever, my love.

891- Tienda – *Store*

Él tiene una **tienda** de ropa muy elegante.
He has a **store** with very elegant clothing.

892- Navidad – *Christmas*

Mi época favorita del año es la **Navidad**.
My favorite occasion of the year is **Christmas**.

893- Dirección – *Address*

No me sé la **dirección** de tu casa, repítemela.
I don't know your **address,** repeat it to me.

894- Abuela – *Grandmother*

Mi **abuela** ha estado muy enferma este año.
My **grandmother** has been very sick this year.

895- Alrededor – *Around*

Alrededor del vecindario se ha propagado un rumor.
Around the neighborhood a rumor has been spreading.

896- Vine – *I came*

Vine tan rápido como pude, ¿qué ocurre?
I came as quickly as I could, what's wrong?

897- Tendré – *I'll have*

Este año **tendré** que esforzarme más duro que antes.
This year **I'll have** to work harder than before.

898- Libertad – *Freedom*

Los presos solo quieren tener **libertad.**
The prisoners just want to have **freedom.**

899- Sale – *Comes out*

Su herida está fea; aún **sale** sangre de ella.
His wound looks ugly; blood still **comes out** of it.

900- Línea – *Line*

Manténgase en la **línea,** ya lo atenderemos.
Please hold on the **line,** we'll get to you soon.

901- Abogado – *Attorney (Masculine)*

¡Sabrás pronto de mi **abogado,** ya verás!
You'll be hearing from my **attorney,** you'll see!

902- Pies – *Feet*

Como futbolista es un mago con los **pies.**
As a footballer, he's a magician with his **feet.**

903- Honor – *Honor*

El protegió a su familia por su **honor.**
He protected his family for their **honor.**

904- Tratando – *Trying*

Siento que estoy **tratando** demasiado, pero no lo logro.
I feel that I'm **trying** hard, but can't accomplish it.

905- Regresar – *Return*

Quiero **regresar** a casa, tengo mucha nostalgia.
I want to **return** home, I'm very homesick.

906- Hablo – *I speak*

Aunque estamos lejos, diariamente **hablo** con mis padres.
Although we're far, **I speak** to my parents daily.

907- Vieja – *Old/Old lady (Feminine)*

Todos acá somos los de la **vieja** escuela.
All of us here are from the **old** school.

908- Papel – *Paper*

Voy a la oficina para solicitar un **papel** importante.
I'm going to the office to request an important **paper.**

909- Terminado – *Finished*

El libro por fin está **terminado** y entregado.
The book is finally **finished** and submitted.

910- Dejado – *Left (Masculine)*

El bolso fue **dejado** en la mesa por accidente.
The bag was **left** behind on the table by accident.

911- Juro – *I swear*

Te **juro** que no voy a quedarte mal con eso.
I swear I won't fail you with that.

912- Hermoso – *Beautiful (Masculine)*

Ese dálmata que tienes es **hermoso**.
That dalmatian you have is **beautiful**.

913- Dulce – *Sweet*

Me encanta comerme algo **dulce** luego de almorzar.
I love eating something **sweet** after having lunch.

914- Sentir – *Feel*

Me gusta **sentir** que tengo el apoyo de mi familia.
I like to **feel** that I have the support of my family.

915- Principio – *Beginning*

Desde el **principio** supe que esto estaba destinado al fracaso.
From the **beginning** I knew this was destined to fail.

916- Interesante – *Interesting*

Lo más **interesante** de todo es que ya sabía.
The most **interesting** part is that I already knew.

917- Caja – *Box*

¿Qué hay en la **caja**? ¿Es una sorpesa?
What's in the **box**? Is it a surprise?

918- Cualquiera – *Anyone*

Cualquiera aquí te podrá ayudar en lo que necesites.
Anyone here can help you with what you need.

919- Ocho – *Eight*

Él era el último de **ocho** hermanos; un hijo descuidado.
He was the last of **eight** brothers; a neglected child.

920- Horrible – *Horrible*

Lo que vi en ese sitio fue **horrible.**
What I saw in that place was **horrible.**

921- Respuesta – *Answer*

Como no recibí **respuesta,** decidí irme de vuelta.
Since I didn't receive an **answer,** I decided to return.

922- Perra – *Bitch*

La **perra** tuvo diez cachorros sanos y hermosos.
The **bitch** had ten healthy and beautiful puppies.

923- Gracioso – *Funny (Masculine)*

Es **gracioso** como siempre los planes son impredecibles.
It's **funny** how plans are always unpredictable.

924- Sonrisa – *Smile*

Una **sonrisa** te ayuda a abrir muchas puertas.
A **smile** helps you open many doors in life.

925- Trae – *Bring*

Cuando vengas, **trae** algo de comer por favor.
When you come, please **bring** something to eat.

926- Personal – *Personal*

Me gusta que todo sea más íntimo y **personal**.
I like things to be more intímate and **personal**.

927- Mató – *Killed*

Ese que está en la celda **mató** a cinco personas.
The guy in that cell **killed** five people.

928- Completamente – *Completely*

Estoy **completamente** seguro que todo mejorará pronto.
I'm **completely** certain that everything will improve soon.

929- Paul – *Paul*

Paul era un tipo divertido, pero regresó a su país.
Paul was a fun guy, but he returned to his country.

930- Vienen – *Coming (Plural)*

Creo que **vienen** a visitarme en un rato.
I think they're **coming** to visit me soon.

931- Sean – *Are*

Mientras no **sean** infelices, los apoyaré.
As long as you **are** not unhappy, I'll support you.

932- Llega – *Arrives*

Cuando **llega** el verano, la gente comienza a enloquecer.
When summer **arrives,** people start going crazy.

933- Abuelo – *Grandfather*

El **abuelo** de un amigo tiene más de cien años.
A friend's **grandfather** is more than one-hundred years old.

934- Tengas – *You have*

Cuando **tengas** tus propios hijos, entenderás todo.
When **you have** your own kids, you'll understand everything.

935- Linda – *Beautiful*

Tu hija es muy **linda**, felicitaciones por eso.
Your **daughter** is very beautiful, congratulations for that.

936- Tendremos – *We'll have*

En el futuro **tendremos** una casa, carro e hijos.
In the future, **we'll have** a house, car and children.

937- Magia – *Magic*

Mi tío Michael suele hacer trucos de **magia**.
My uncle Michael usually plays **magic** tricks.

938- Partes – *Parts*

He estado buscando las **partes** del auto por semanas.
I've been looking for the car **parts** for weeks now.

939- Cárcel – *Jail*

Él nunca esperó que acabara en la **cárcel**.
He never expected he'd end up in **jail**.

940- Hubo – *There was/There were*

Hubo un ataque terrorista en el terminal.
There was a terrorist attack at the terminal.

941- Sistema – *System*

Aquí necesitamos actualizar el **sistema** de la empresa.
We need to update the company's current **system**.

942- Lindo – *Cute (Masculine)*

Es **lindo** que alguien te escriba todas las mañanas.
It's **cute** when someone texts you every morning.

943- Director – *Director (Masculine)*

El **director** de la orquesta estaba orgulloso.
The **director** of the orchestra was very proud.

944- Hazlo – *Do it*

Si quieres emprender un proyecto, ¡sólo **hazlo**!
If you want to undertake a project, just **do it**!

945- Hicieron – *Did/Made*

Los jovenes **hicieron** una obra de caridad.
The youngster **did** some charity work.

946- Tía – *Aunt*

Mi **tía** es millonaria; vive en una mansión.
My **aunt** is a millionaire; she lives in a mansion.

947- Busca – *Search*

Busca información sobre los vuelos a Miami, por favor.
Search for information on flights to Miami, please.

948- Don – *Gift*

Ella tenía un **don** de convencer a las personas.
She had a **gift** for convincing people.

949- Baja – *Low/Short (Feminine)*

Mi compañera de clase es muy **baja** de estatura.
My female classmate is very **short** in stature.

950- Pudo – *Could*

A pesar que dudó de sí mismo, sí **pudo**.
Even though he doubted himself, he **could**.

951- Salud – *Health*

Mi **salud** ha estado deteroriando en los últimos meses.
My **health** has been deteriorating in the last months.

952- Listos – *Ready (Plural)*

Quiero que estén **listos** para cuando llegue.
I want you to be **ready** for when I arrive.

953- Cita – *Appointment/Date*

La **cita** de hoy en el médico fue cancelada.
Today's medical **appointment** was cancelled.

954- Tenías – *You had*

Coño, **tenías** que avisarme que ya venía.
Shit, **you had** to let me know she was coming.

955- Negocios – *Business*

Este año debo viajar a la capital por **negocios**.
This year I must go to the capital for **business**.

956- Tipos – *Types*

Quiero que investiguen los diferentes **tipos** de insecto.
I want you to research the different **types** of insects.

957- Cámara – *Camera*

Tomé mi **cámara** y capturé el momento justo.
I grabbed my **camera** and captured the precise moment.

958- Agente – *Agent*

Mi padre es **agente** de la policía secreta.
My father is an **agent** of the secret police.

959- Verás – *You'll see*

Cuando yo no esté, **verás** cuánta falta te hago.
When I'm no longer here, **you'll see** you need me.

960- Infierno – *Hell*

Esas personas merecen irse al **infierno** al morir.
Those people deserve going to **hell** when they die.

961- Regalo – *Gift*

Me dejó quedarme con unas prendas como **regalo**.
She let me keep some pieces as a **gift**.

962- Río – *River*

El **río** está muy revuelto para nadar en él hoy.
The **river** is too wild to swim in it today.

963- Través – *Through*

Si pasamos a **través** de este atajo, llegaremos más rápido.
If we go **through** this shortcut, we'll arrive faster.

964- Carne – *Meat*

Yo quiero un gran lomo de **carne** esta noche.
I want a great sirloin steak of **meat** tonight.

965- Totalmente – *Totally*

Estás **totalmente** errado y ya no quiero oír más.
You are **totally** mistaken and I'll hear no more.

966- Decirme – *Tell me*

¿Puedes **decirme** qué ocurre entre él y tú?
Can you **tell me** what's going on between him and you?

967- Piso – *Floor*

El vaso cayó al **piso,** estallando en mil pedazos.
The glass fell to the **floor,** exploding in many pieces.

968- Esposo – *Husband*

Mi **esposo** es un hombre respetuoso, jamás haría eso.
My **husband** is a respectful man, he'd never do that.

969- Oír – *Hear*

Desde ese accidente, no puedo **oír** bien.
Since that accident, I can't **hear** properly.

970- Harry – *Harry*

Harry es el protagonista, un valiente chico mago.
Harry is the main character, a brave young wizard.

971- Sargento – *Sergeant*

El **sargento** es sumamente exigente con sus jóvenes soldados.
The **sergeant** is incredibly demanding with his young soldiers.

972- Deja – *Leave*

Deja quieta a mi hermana o te voy a dar una paliza.
Leave my sister alone or I'm going to beat you up.

973- Tuya – *Yours (Feminine)*

Ella quiere convencerte de que es completamente **tuya.**
She wants to convince you that she's entirely **yours.**

974- Ambos – *Both of them*

Ambos tenían diferencias, pero siempre lograban arreglar las cosas.
Both of them had differences, but they always resolved their issues.

975- Beber – *Drink*

Me están invitando a **beber,** pero tengo examen mañana.
They're inviting me to **drink,** but I have an exam tomorrow.

976- Calma – *Calm*

Me encanta volver de la tempestad a la **calma.**
I love returning from the storm to the **calm.**

977- Vestido – *Dress*

¡Vaya! El **vestido** que traes puesto es muy revelador.
Wow! The **dress** you're wearing is very revealing.

978- Salvo – *Except*

Salvo en unos casos, esta enfermedad suele ser mortal.
This illness is typically lethal, **except** in some cases.

979- Ésa – *That (Feminine)*

Ojalá pudiera haber comprado **ésa,** me gustaba más.
I wish I could've bought **that** one, I preferred it.

980- Verdadero – *True (Masculine)*

El **verdadero** valor de la vida se descubre viviendo.
The **true** value of life is discovered by living.

981- Basura – *Trash*

La **basura** de un hombre puede ser tesoro de otro.
One man's **trash** can be another man's treasure.

982- Suelo – *Ground*

Me gusta sentir que tienes los pies en el **suelo.**
I like to feel that you have both feet on the **ground.**

983- Carrera – *Race/Career*

El ganador de la **carrera** fue descalificado por hacer trampa.
The winner of the **race** was disqualified for cheating.

984- Cumpleaños – *Birthday*

Mi **cumpleaños** este año fue el mejor de todos.
My **birthday** this year was the best ever.

985- Rato – *While*

¡Ven un **rato** a la fiesta, no te hará daño!
Come a while to the party, it won't kill you!

986- Iremos – *We'll go*

Iremos este diciembre a visitarte, espéranos.
We'll go this December to visit you, expect us.

987- Universidad – *University*

Hay estudiantes de la **Universidad** que no estudian.
There are students at the **university** that don't study.

988- Bailar – *Dance*

Si me toca **bailar,** no sé que voy a hacer.
If I have to **dance,** I don't know what I'll do.

989- Triste – *Sad*

Todos estos eventos recientes me han puesto **triste**.
All these recent events have made me so **sad**.

990- Iglesia – *Church*

Todos los domingos asisto fielmente a la **iglesia**.
Every Sunday I faithfully visit my **church**.

991- Manda – *Order/Sends*

Mi madre siempre me **manda** correspondencia de casa.
My mother always **sends** me mail from home.

992- Delante – *In front*

El ganador siempre estuvo **delante** de sus contrincantes.
The winner was always **in front** of his opponents.

993- Nena – *Baby (Feminine)*

La **nena** está aprendiendo a caminar y hablar.
The **baby** is learning how to walk and talk.

994- Banco – *Bank*

Quiero ir al **banco** a retirar mi salario del mes.
I want to go to the **bank** to withdraw my salary.

995- Cuántos – *How many (Masculine)*

¿**Cuántos** de ustedes recibieron el bono de Navidad?
How many of you received the Christmas bonus?

996- Encuentra – *Finds*

Si ella **encuentra** la evidencia, estamos fritos.
If she **finds** the evidence, we're screwed.

997- Supone – *Assumes*

Él **supone** que tú llegaste a dormir anoche.
He **assumes** you arrived to sleep last night.

998- Existe – *Exists*

Existe un planeta donde llueve diamantes todo el año.
A planet **exists** where it rains diamonds all year.

999- Programa – *Program*

¡Siempre te digo que no instales ese **programa**!
I always tell you not to install that **program**!

1000- Alegro – *Glad*

Me **alegro** de que pudiste salir de esa casa.
I'm **glad** you could finally leave that house.

1001- Santo – *Holy (Masculine)*

En el nombre del Padre **Santo,** te bendigo.
In the name of the **Holy** Father, I bless you.

1002- Por qué – *Why*

¿**Por qué** tuviste que mentir sobre lo que hiciste?
Why did you have to lie about what you did?

1003- Novio – *Boyfriend*

Tu papa quiere conocer pronto a tu **novio.**
Your dad wants to meet your **boyfriend** soon.

1004- Broma – *Joke*

Esa **broma** fue de muy mal gusto, discúlpate.
That **joke** was in very bad taste, apologize.

1005- Diría – *Would say*

¿Qué pasa? ¡Eso suena como algo que **diría** un psicópata!
What?! That sounds like something a psychopath **would say**!

1006- Salió – *Left*

El tren **salió** hace dos horas, ya debería venir llegando.
The train **left** two hours ago, he must be arriving.

1007- Jesús – *Jesus*

Hoy, celebramos el nacimiento de **Jesús**, nuestro Salvador.
Today, we celebrate the birth of **Jesus**, our Savior.

1008- Prometo – *I promise*

Prometo que jamás va a ocurrir de nuevo, en serio.
I promise it will never happen again, seriously.

1009- Partido – *Match*

El **partido** se extendió a tiempo extra, pero igual ganamos.
The **match** went to extra time, but we still won.

1010- Pregunto – *I ask*

Yo **pregunto** las cosas que no entiendo en clase.
In class **I ask** about the things I don't understand.

1011- Radio – *Radio*

¿Recuerdas cuando estábamos todo el día escuchando la **radio**?
Remember when we spent the day listening to the **radio**?

1012- Vuelva – *Return*

Cuando yo **vuelva**, vas a tener un problema grave.
When I **return**, you'll have a huge problem.

1013- Cenar – *Dine*

Quiero invitarte a **cenar** a ese nuevo lugar.
I want to invite you to **dine** at that new place.

1014- Ocurrió – *Occurred*

Lo que sea que **ocurrió** anoche, nadie debe saberlo.
Whatever **occurred** last night, nobody should hear about it.

1015- Creía – *Thought*

Ella **creía** que su hijo seguía vivo; no era así.
She **thought** her son still lived; it wasn't the case.

1016- Corre – *Run*

Si escuchas algo acercarse a este lugar, solo **corre**.
If you hear something approaching, just **run**.

1017- Disculpa – *Sorry/Apology*

Creo que me debes una **disculpa**, estabas equivocado.
I think you owe me an **apology**, you were wrong.

1018- Vienes – *Coming*

¿**Vienes**? Necesito que me ayudes a terminar acá.
Are you **coming**? I need you to help me finish.

1019- Cerveza – *Beer*

¡Si tomas mucha **cerveza**, no vayas a conducir por favor!
If you drink too much **beer**, please don't drive!

1020- Muerta – *Dead (Feminine)*

Cuando levantaron las ruinas, ella estaba **muerta**.
When they lifted the remains, she was **dead**.

1021- Pensado – *Thought-out*

Este plan aún no ha sido bien **pensado**.
This plan has not yet been well **thought-out**.

1022- Destino – *Destination/Fate*

Algunos creen en el **destino,** yo no soy como ellos.
Some believe in **fate,** I'm not like them.

1023- Botón – *Button*

Aprieta el **botón** y activa el equipo de una vez.
Press the **button** to actívate the machine already.

1024- Matrimonio – *Marriage*

Él sólo le temía a una cosa: al **matrimonio**.
He only feared one thing in life: **marriage**.

1025- Fotos – *Photos*

Deberías enviarme unas **fotos** del sitio donde estás.
You should send me **photos** of where you are now.

1026- Diablo – *Devil (Masculine)*

Esto es prueba de que el **diablo** camina entre nosotros.
This is proof that the **devil** walks among us.

1027- Volveré – *I'll be back*

Me voy por ahora, pero **volveré,** ya verás.
I'm going for now, but **I'll be back,** you'll see.

1028- Saberlo – *To Know*

Quiero **saberlo,** tener la certeza que es así.
I want **to know,** to have the certainty.

1029- Cielos – *Heavens*
Las estrellas brillaron a través de los **cielos**.
The stars shone across the **heavens**.

1030- Norte – *North*
Voy a visitar a mi tío que vive en el **norte**.
I'm going to visit my uncle that lives up **north**.

1031- Sala – *Living room*
¿Qué es esto? ¡Tienes la **sala** hecha un desastre!
What's this? You've made a mess in the **living room**!

1032- Órdenes – *Orders*
El coronel González nos ha transmitido nuevas **órdenes**.
Colonel Gonzalez has transmitted new **orders** to us.

1033- Según – *According*
Según expertos, hay que cepillarse después de cada comida.
According to experts, you must brush after every meal.

1034- Harás – *You'll do*
Hay cosas que **harás** de las que te arrepentirás.
There are things **you'll do** which you will regret.

1035- Atacar – *Attack*
Si podemos parar de defender y sólo **atacar,** ganaremos.
If we can get out of defense and **attack,** we'll win.

1036- París – *Paris*
Mi sueño es ir a **París** a proponerte matrimonio.
My dream is to go to **Paris** and propose to you.

1037- Ejemplo – *Example*

Eres un buen **ejemplo** de lo que no quiero.
You're a good **example** of what I don't want.

1038- Sorpresa – *Surprise*

Habrá una **sorpresa** esperándote en el trabajo hoy,
There will be a **surprise** expecting you at work today.

1039- Té – *Tea*

¿Quieres un vaso de **té**? Tengo de manzanilla.
Do you want a cup of **tea**? I've got chamomile.

1040- Pudiera – *Could*

Pudiera haberte dado todo, pero escogiste destruirlo.
I **could** have given you everything, but you destroyed it.

1041- Baile – *Dance*

Quiero ir al **baile** contigo, ¿qué dices?
I want to go to the **dance** with you, what do you say?

1042- Club – *Club*

Me emborraché en el **club** anoche.
I got wasted at the **club** last night.

1043- Temprano – *Early*

Vamos a tener que salir **temprano** para llegar a tiempo.
We'll have to leave **early** to arrive on time.

1044- Público – *Public*

Hicieron **público** el escándalo de corrupción del gobierno.
They made the government corruption scandal **public**.

1045- Tí – *You*

Sin **tí** me he sentido muy sólo; regresa pronto.
Without **you** I've been feeling very lonely; come back soon.

1046- Oí – *I heard*

Creo que **oí** que te vas a casar, ¿es cierto?
I think **I heard** you're getting married, is it true?

1047- Mirando – *Looking*

Lo agarraron **mirando** por la ventana del vestuario.
They caught him **looking** into the dressing room window.

1048- Ventana – *Window*

¡Me vas a tener que pagar la **ventana** tras romperla!
You're going to have to pay the **window** you broke!

1049- Conocido – *Known (Masculine)*

Es el animal más peligroso **conocido** por el hombre.
It's the most dangerous animal **known** to man.

1050- Duda – *Doubt*

No quiero quedarme con la **duda,** explícame bien.
I don't want to stay in **doubt,** explain properly.

1051- Boda – *Wedding*

La fiesta de la **boda** fue increíble, una locura total.
The **wedding** party was incredible, a total madness.

1052- Peligro – *Danger*

El mayor **peligro** ahora es que te atrapen.
The biggest **danger** now is that you get caught.

1053- Trabaja – *Works*

El novio de mi hermana **trabaja** en una transnacional.
My sister's boyfriend **works** at a transnational company.

1054- Quise – *I wanted*

Quise que formáramos una familia y viviéramos juntos.
I wanted us to start a family and live together.

1055- Querías – *You wanted*

Querías algo que yo no podía darte aún.
You wanted something I couldn't give you yet.

1056- Caliente – *Hot*

No toques la hornilla, hijo, está sumamente **caliente**.
Don't touch the burner, son, it's incredibly **hot**.

1057- Escribir – *Write*

Mi sueño siempre ha sido **escribir** libros de fantasía.
My dream has always been to **write** fantasy books.

1058- Reina – *Queen*

Un verdadero hombre trata a su mujer como una **reina**.
A real man treats his woman like a **queen**.

1059- Esperaba – *Expected/Waited*

¡No **esperaba** que los precios aumentaran tanto!
I hadn't **expected** the prices to rise that much!

1060- Embargo (Sin Embargo) – *Nevertheless/However*

Tenía miedo, **sin embargo** no dudé de ti ni un segundo.
I was afraid; **however** I didn't doubt you for one second.

1061- Sur – *South*

En el **sur** tenemos costumbres muy distintas.
In the **south** we have very different customs.

1062- Enfermo – *Sick (Masculine)*

No he podido trabajar por dos semanas: estoy **enfermo**.
I haven't been able to work for two weeks: I'm **sick**.

1063- Excelente – *Excellent*

Quiero que todos vean lo **excelente** que eres como persona.
I want everyone to see what an **excellent** person you are.

1064- Pone – *Places*

Ese jugador **pone** el balón donde quiere.
That player **places** the ball wherever he wants.

1065- Estés – *You are*

Solamente lo llevaremos a cabo cuando **estés** lista.
We'll only do it when **you are** ready.

1066- Escena – *Scene*

No me armes una **escena** aquí mismo, por favor.
Please don't make a **scene** right here.

1067- Encuentro – *Encounter*

Luego de la discusión, tuvieron un **encuentro** fuerte.
After the argument, they had an ugly **encounter**.

1068- Asesinato – *Murder*

El **asesinato** de la estudiante atrajo la prensa nacional.
The **murder** of the student brought the national press' attention.

1069- Mínimo – *Minimum (Masculine)*

Lo **mínimo** que espero tener en ese exámen es diez.
The **mínimum** grade I expect to get is a ten.

1070- Obra – *Work*

Eso solo tiene que ser **obra** de un monstruo.
That can only be **work** of a monster.

1071- Niñez – *Childhood*

Su **niñez** fue marcada por trauma y maltrato.
His **childhood** was marked by trauma and abuse.

1072- Veré – *I'll see*

Veré los precios en el mercado y te avisaré.
I'll see the market prices and let you know.

1073- Llamó – *Called*

Después del arresto, **llamó** a su abogado.
After the arrest, she **called** her attorney.

1074- Aquel – *That*

Aquel muchacho es un delincuente; cuidado con él.
That kid is a criminal; be careful around him.

1075- Terminar – *Finish*

Las cosas van a **terminar** peor de lo que comenzaron.
Things are going to **finish** uglier than they began.

1076- Ganas – *Urge*

Tengo **ganas** de irme de aquí para siempre.
I have an **urge** to leave this place forever.

1077- Conocer – *Know*

Siempre he querido **conocer** lo que se siente eso.
I've always wanted to **know** how that feels.

1078- Pruebas – *Tests*

Las **pruebas** que esperábamos nos aliviaron mucho.
The **tests** we were awaiting calmed us down a lot.

1079- Señores – *Sirs*

Señores, tenemos los resultados y son excelentes noticias.
Sirs, we have the results and they're excellent news.

1080- Vos – *You (Not Formal)*

Si **vos** no te sentís feliz acá, buscá otro trabajo
If **you** don't feel content here, find another job.

1081- Escúchame – *Listen to me*

Escúchame: las cosas ya no son como eran antes.
Listen to me: things aren't the way they were before.

1082- Veamos – *Let's see*

Veamos, ¿qué síntomas has tenido desde que empezó?
Let's see, what symptoms have you had since it began?

1083- Creen – *Believe*

Muchos idiotas **creen** que el gobierno cumplirá sus promesas.
Many idiots **believe** the government will fulfill its promises.

1084- Aún – *Yet*

No me ha llegado tu pago **aún**, revisa eso.
I haven't received your payment **yet,** check that out.

1085- Ninguno – *None*

Ninguno de los clientes que vienen ha querido comprar.
None of the clients that visit have wanted to buy.

1086- Parecía – *Looked like/Seemed*

Parecía que las cosas iban a durar más, qué lástima.
It **seemed** things would last longer, what a shame.

1087- María – *Mary*

María es una mujer única: la amo demasiado.
Mary is a unique woman: I love her way too much.

1088- Viva – *Alive (Feminine)*

Encontraron **viva** a la chica que estaba desaparecida.
They found the missing girl **alive**.

1089- Apenas – *Barely/As soon as*

Apenas termines tus tareas, ve a dormir.
As soon as you finish your homework, go to bed.

1090- Segunda – *Second (Feminine)*

La **segunda** hija de mi abuela es mi mamá.
The **second** daughter of my grandmother is my mother.

1091- Factura – *Bill*

Pide la **factura** para ver si es cierta esa cantidad.
Ask for the **bill** so we can see if that amount is real.

1092- Llave – *Key*

Saca la **llave,** no quiero mojarme con la lluvia.
Take the **key** out, I don't want to get drenched.

1093- Regreso – *Return*

El **regreso** del profesor indicó el fin del escándalo.
The **return** of the teacher indicated the end of the racket.

1094- Trasero – *Rear*

Una patada en el **trasero** lo hará ver las cosas claras.
A kick in the **rear** will help him see things clearly.

1095- Ojalá – *Hopefully*

Ojalá tengamos suerte en los exámenes finales.
Hopefully we have good luck in our final exams.

1096- Veremos – *We'll see*

Cuando termine la prueba **veremos** quién pasa y quién no.
When the exam's over **we'll see** who passes and who doesn't.

1097- Simple – *Simple*

Sólo deseo tener una vida **simple** y agradable.
I just want to have a **simple** and pleasant life.

1098- Seré – *I'll be*

Te prometo que **seré** un gran esposo para ti.
I promise **I'll be** a wonderful husband for you.

1099- Leí – *I read*

Leí en algún lado que eso causa cáncer.
I read somewhere that that causes cancer.

1100- Irse – *Leave*

Mi hijo quiere **irse** del país el año entrante.
My son wants to **leave** the country next year.

1101- Cartas – *Letters*

Puedes quemar todas las **cartas** que te mandé.
You can burn all the **letters** I sent you.

1102- Ignorante – *Ignorant*

Comportarse así por esa razón es de **ignorante**.
Behaving like that for that reason is **ignorant** behavior.

1103- Libros – *Books*

Los **libros** de contabilidad fueron extraídos de mi casillero.
The accounting **books** were taken from my locker.

1104- Apuesto – *Handsome (Masculine)*

Él es un tipo **apuesto** y lo sabe; lo aprovecha.
He's a **handsome** guy; he knows and takes advantage of it.

1105- Leer – *Read*

Quiero **leer** tu último libro, envíalo a mi correo.
I want to **read** your last book, email it to me.

1106- Imbécil – *Imbecile*

Me encantaría si no se comportara como **imbécil**.
I'd like him if he didn't behave like an **imbecile**.

1107- Opinión – *Opinion*

Créeme, nadie acá pidió tu **opinion**.
Believe me, nobody here asked for your **opinion**.

1108- Joder – *Fuck*

Joder, no pensé que sería tan difícil reparar esto.
Fuck, I hadn't thought it'd be so hard to repair this.

1109- Cambiado – *Changed*

Ella ha **cambiado** mucho, ya no es la misma.
She's **changed** a lot; she's not the same anymore.

1110- Sucedió – *It happened*

Y luego **sucedió:** comenzó el gran desastre.
And then **it happened:** the great disaster began.

1111- Señal – *Signal*

Necesito una **señal** para saber qué hago ahora.
I need a **signal** to know what to do now.

1112- Habían – *They had*

Ellos **habían** reservado el hotel pero nunca llegaron.
They had reserved the hotel room but never arrived.

1113- Agradable – *Nice*

A veces puedo ser **agradable,** otras veces un bastardo.
Sometimes I can be **nice,** other times a bastard.

1114- Cocina – *Kitchen*

Nunca me ha gustado trabajar en la **cocina.**
I've never liked working in the **kitchen.**

1115- Relación – *Relationship*

Una **relación** es más que besos y abrazos: es responsabilidad.
A **relationship** is more than hugs and kisses: it's responsibility.

1116- Sueños – *Dreams*

Todos necesitamos **sueños** y deseos para vivir.
We all need **dreams** and desires to live.

1117- Segundos – *Seconds*

En unos **segundos** te transmito la información.
In a few **seconds** I'll transmit the information.

1118- Corte – *Cut/Court*

Le hicieron un **corte** de cabello muy feo.
They gave him a very ugly **haircut**.

1119- Escuchar – *Hear*

Tienes que aprender a **escuchar** cuando te hablo.
You have to learn to **hear** when I speak.

1120- Cerebro – *Brain*

A veces dudo que tienes un **cerebro** ahí adentro.
Sometimes I doubt you have **brain** in there.

1121- Locura – *Madness*

¡Ya paren este desastre, es una **locura**!
Stop this ruckus, it's all **madness**!

1122- Peligroso – *Dangerous (Masculine)*

Él no es pura amenaza, realmente es un hombre **peligroso**.
He's not full of hot air; he's truly a **dangerous** man.

1123- Hermanos – *Brothers/Siblings (Masculine)*

Mis **hermanos** son muy colaboradores en la casa.
My **brothers** are very helpful at home.

1124- Entender – *Understand*

No siempre es posible **entender** lo que está sucediendo.
It's not always possible to **understand** what's happening.

1125- Cine – *Cinema*

Tengo tiempo sin ir al **cine,** ¿vamos?
I haven't gone to the **cinema** lately, wanna go?

1126- Dejes – *Let*

Nunca **dejes** que sus palabras te afecten.
Never **let** their words affect you.

1127- Reunión – *Meeting*

Esta tarde tenemos la **reunión** final del año.
This afternoon we have the final **meeting** of the year.

1128- Tendría – *Would have*

Te advertí que esto **tendría** graves consecuencias.
I warned you this **would have** terrible consequences.

1129- Verla – *See her*

Quiero ir a **verla,** tenemos tiempo separados.
I want to **see her;** we've been apart for some time.

1130- Duele – *Hurts*

Duele amar, quisiera que fuera distinto.
Loving **hurts,** I wish it was different.

1131- Hicimos – *We did*

No se puede contar a nadie lo que **hicimos.**
We can't tell anyone what **we did.**

1132- Londres – *London*

Mi sueño es regresar a **Londres** a vivir.
My dream is to return to live in **London.**

1133- Tocar – *Play*

Me gusta **tocar** guitarra en mis momentos libres.
I like to **play** guitar in my free time.

1134- Mirar – *Look*

Aquí está tu regalo, pero no puedes **mirar.**
Your gift is here, but you're not allowed to **look.**

1135- Verme – *See me*

A veces siento que soy invisible y nadie puede **verme.**
Sometimes I feel I'm invisible and nobody can **see me.**

1136- Bienes – *Goods*

Los abogados acordaron dividir los **bienes** entre ellos.
The attorneys settled to divide the **goods** between them.

1137- Suyo – *Yours*

Ese perro es **suyo,** así que llévelo usted.
That dog is **yours,** so you take him.

1138- Causa – *Cause*

Estamos aquí porque todos queremos luchar por una **causa** justa.
We're here because we want to fight for a just **cause.**

1139- Pelea – *Fight*

Tuve una **pelea** y le partí la nariz a alguien.
I had a **fight** and I broke somebody's nose.

1140- Prisión – *Prison*

Fue a **prisión** por el asesinato de tres personas.
He went to **prison** for the murder of three people.

1141- Acordar – *Agree to*

La pareja va a **acordar** en proseguir con el divorcio.
The couple will **agree to** proceed with the divorce.

1142- Mayoría – *Majority/Most*

La **mayoría** de las personas ignoran este tema.
Most people are ignorant on this subject.

1143- Fondo – *Background/Bottom*

Cuando pensó que había tocado **fondo,** ella lo salvó.
When he thought he'd hit rock **bottom,** she saved him.

1144- Acaso – *Even*

¿Y tú **acaso** te has dignado en averiguarlo?
Have you **even** bothered to find out more?

1145- Vuelvo – *I return*

Si **vuelvo** antes de las tres, podré preparar almuerzo.
If **I return** before three, I'll prepare the lunch.

1146- Serán – *Will be*

Los que no cumplan los requisitos **serán** rechazados.
Those who don't fulfill the requirements **will be** rejected.

1147- Montón – *Heap*

Todo lo que argumentas es un **montón** de basura.
Everything you claim is a **heap** of garbage.

1148- Toca – *Plays*

Yo estudié con el que **toca** la guitarra.
I studied with the one that **plays** the guitar.

1149- Comandante – *Commander*

Le dicen *"el comandante"* porque sirvió en el ejército.
They call him *"the commander"* because he served in the army.

1150- Tome – *Take (Formal)*

Tome el dinero, ahora vaya a comprar lo que necesita.
Take the money, now go and buy what you need.

1151- Éxito – *Success*

El **éxito** va de la mano con el esfuerzo.
Success goes hand in hand with the effort applied.

1152- Misión – *Mission*

Yo estoy aquí en una **misión** y no voy a rendirme.
I'm here on a **mission** and I'm not giving up.

1153- Vidas – *Lives*

Pasamos el momento de nuestras **vidas** ese día.
We spent the time of our **lives** that day.

1154- Decisión – *Decision*

La **decisión** fue unánime, el nombre se mantenía igual.
The **decision** was unanimous, the name remained unchanged.

1155- Hogar – *Home*

No hay algún sitio del mundo como el **hogar**.
There is no place in the world like **home**.

1156- Rico – *Rich (Masculine)*

Antes quería ser **rico**, ahora sólo quiero ser feliz.
Before, I wanted to be **rich**, now I just want to be happy.

1157- Trago – *Drink*

El **trago** está muy amargo, échale agua por favor.
The **drink** is too bitter, add water please.

1158- Capaz – *Able*

Si no eres **capaz** de dar, no exijas nada.
If you aren't capable of **giving**, don't ask for anything.

1159- Cargo – *Position*

Lo ascendieron de **cargo,** ahora es gerente.
They promoted his **position,** he's a manager now.

1160- Unidos – *United*

Sólo **unidos** podremos salir de esta crisis.
Only **united** will we be able to escape this crisis.

1161- Lleno – *Full (Masculine)*

¡Oye! Este sitio está muy **lleno,** mejor nos vamos.
Wow! This place is **full,** we should leave.

1162- Bar – *Bar/Pub*

Pasas todo el día en el **bar,** te necesito acá.
You spend all day at the **pub,** I need you here.

1163- Estrella – *Star*

La **estrella** de la película ganó un premio.
The **star** of the movie won an award.

1164- Posición – *Position*

Ya conoces mi **posición** con respecto a lo que ocurre.
You know my **position** on what's going on.

1165- Estación – *Station*

Nos vamos a bajar en la siguiente **estación,** pendiente.
We're getting off at the next **station,** be wary.

1166- Interesa – *Interests*

Si te **interesa,** estaré trabajando en el negocio.
If it **interests** you, I'll be working at the store.

1167- Unánime – *Unanimous*

La decisión de la junta fue **unánime.**
The decision of the chairmen was **unanimous.**

1168- Edificio – *Building*

El **edificio** fue consumido completamente por las llamas.
The **building** was consumed entirely by the flames.

1169- Vayan – *Go (Plural)*

No se **vayan,** aún tenemos cosas que conversar.
Don't **go** yet, we still have things to talk about.

1170- Consejo – *Advice*

Un **consejo,** no pases por esa calle de noche.
A piece of **advice,** don't walk down that street at night.

1171- Pistola – *Gun*

¡Baja la **pistola** ahora mismo o abriremos fuego!
Put the **gun** down right now or we'll open fire!

1172- Humano – *Human (Masculine)*

Es natural del ser **humano** que se equivoque.
It's natural for **human** beings to make mistakes.

1173- Irnos – *Leave*

Si las cosas siguen así, tocará **irnos**.
If things continue like this, we'll have to **leave**.

1174- Fantástico – *Fantastic (Masculine)*

Es **fantástico** todo lo que hemos logrado este año.
Everything we've accomplished this year is **fantastic**.

1175- Ojo – *Eye*

Se me irritó el **ojo** por alguna razón extraña.
My **eye** is all red for some strange reason.

1176- Jóvenes – *Young people*

Los **jóvenes** no tienen las mismas oportunidades hoy en día.
Young people don't have the same opportunities in modern times.

1177- Zapatos – *Shoes*

Quítate los **zapatos** antes de entrar a esta casa.
Take your **shoes** off before entering this house.

1178- Majestad – *Majesty*

Su **Majestad**, su carroza está lista para trasladarla.
Your **Majesty**, your carriage is ready to take you away.

1179- Lee – *Reads*

Me gusta una mujer que **lee** e investiga en la vida.
I like a woman that **reads** and investigates on life.

1180- Flores – *Flowers*

¿Llevas **flores**? ¿Qué le habrás hecho a tu mujer?
Delivering **flowers**? What did you do to your wife?

1181- Ocupado – *Occupied/Busy*

Nunca he estado tan **ocupado** como ahora lo estoy.
I've never been as **occupied** as I am now.

1182- Bienvenido – *Welcome (Masculine)*

Bienvenido, acá serás tratado como uno más de la casa.
Welcome, here you'll be treated like another one of us.

1183- Zona – *Zone*

Esta **zona** se ha vuelto muy peligrosa últimamente.
This **zone** has become very dangerous lately.

1184- Contacto – *Contact*

Ponte en **contacto** con ella y ve si te puede ayudar.
Make **contact** with her and check if she can help you.

1185- Enrique – *Henry*

Enrique está involucrado en un rollo muy grande.
Henry is involved in big trouble right now.

1186- Sacar – *Take/Remove*

Lo primero que debes hacer es **sacar** tus cosas.
The first thing you need to do is **take** your things.

1187- Podrían – *Could*

Ellos **podrían** haber llegado a más, pero no funcionó.
They **could** have been something more, but it didn't work.

1188- Regular – *Regular*

Yo soy cliente **regular** en ese sitio, me gusta mucho.
I'm a **regular** customer in that place, I love it.

1189- Tema – *Subject/Theme*

El **tema** de hoy es la división celular.
The **subject** of today is cellular division.

1190- Matado – *Killed*

Me gustaría haberlo **matado** en ese momento.
I'd love to have **killed** him at that very moment.

1191- Soldado – *Soldier*

El **soldado** abrió fuego contra la posición enemiga.
The **soldier** opened fire against the enemy position.

1192- Sabías – *You know/You knew*

Sabías lo que ocurría y no quisiste decir.
You knew what was going on and didn't want to say.

1193- Reptil – *Reptile*

El ratón fue devorado sin piedad por el **reptil**.
The mouse was devoured mercilessly by the **reptile**.

1194- Pido – *I ask*

Todo lo que **pido** es que me dejen entrar.
All **I ask** is to be allowed inside.

1195- Cierra – *Closes*

Cuando una puerta se **cierra**, otra se abre.
When one door **closes**, another one opens.

1196- Pedro – *Peter*

Dicen que San **Pedro** nos espera en el cielo.
They say Saint **Peter** awaits us in heaven.

1197- Intento – *Try*

El último **intento** fue el que resultó en victoria.
The last **try** was the one that led to victory.

1198- Irá – *Will go*

Papá dijo que **irá** a buscarte.
Dad said he **will go** to pick you up.

1199- Calor – *Heat*

El **calor** de este jodido sitio me está matando.
The **heat** of this damn place is killing me.

1200- Finalmente – *Finally*

Finalmente, llegaron los relevos a tomar sus lugares.
Finally, the replacements came to take their places.

1201- Equivocado – *Wrong (Masculine)*

Nunca te das cuenta cuando estás **equivocado**.
You never realize it when you're **wrong**.

1202- Animales – *Animals*

Quiero llevarte al zoológico para que veamos a los **animales**.
I want to take you to the zoo to see the **animals**.

1203- Departamento – *Department*

El **departamento** de ventas tiene graves fallas actualmente.
The sales **department** currently has serious flaws.

1204- Enemigo – *Enemy (Masculine)*

Cuidado: ahora mismo el **enemigo** se encuentra entre nosotros.
Careful: right now the **enemy** is among us.

1205- Caballero – *Gentleman*

Debes ser un **caballero,** aún cuando ella no sea dama.
You must be a **gentleman,** even if she isn't a lady.

1206- Color – *Color*

Necesito imprimir este trabajo en **color.**
I need to print this assignment in **color.**

1207- Necesitan – *Need (Plural)*

Hasta las personas más frías **necesitan** cariño.
Even the coldest people **need** love.

1208- Empieza – *Starts/Begins*

La película **empieza** en veinte minutos, ¡apúrense!
The movie **begins** in twenty minutes, hurry up!

1209- Soldados – *Soldiers*

Los **soldados** decidieron no seguir las órdenes de disparar.
The **soldiers** decided against following the orders to fire.

1210- Vea – *See*

Cuando lo **vea** le voy a hacer pagar por eso.
When I **see** him I'll make him pay for it.

1211- Entiende – *Understand*

Él no **entiende** cómo funcionan las cosas aquí.
He doesn't **understand** how things work around here.

1212- Valor – *Value*

Quiero que le veas el **valor** a este negocio.
I want you to see the **value** in this business.

1213- Azul – *Blue*

Es un **azul** como el del cielo al mediodía.
It's a **blue** like the sky at midday.

1214- Miles – *Thousands*

Miles de personas se aglomeraron para celebrar la victoria.
Thousands of people concentrated to celebrate the victory.

1215- Espacio – *Space*

Ahorita sólo quiero un poco de **espacio** en mi vida.
Right now I need a bit of **space** in my life.

1216- Estarás – *You'll be*

Me agrada saber que **estarás** ahí para mí.
It's nice to know **you'll be** there for me.

1217- Mantener – *Keep*

¿Crees que puedas **mantener** esto en secreto?
Do you think you can **keep** this a secret?

1218- Curiosidad – *Curiosity*

Él está lleno de **curiosidad** hoy.
He is full of **curiosity** today.

1219- Inteligente – *Intelligent*

A veces dudo que realmente eres tan **inteligente**.
Sometimes I doubt you're truly that **intelligent**.

1220- Serás – *You'll be*

Tu **serás** la ganadora de la competencia
You'll be the winner of the competition

1221- Arte – *Art*

El **arte** de la cocina depende de cada cocinero.
The **art** of cuisine depends on each cook.

1222- Respeto – *Respect*

El **respeto** es primordial para que funcione la relación.
Respect is essential for a relationship to work.

1223- Pedir – *Ask*

Si lo tengo que **pedir,** ya no lo quiero.
If I have to **ask,** I no longer want it.

1224- Puso – *Put*

¡Ayúdame! ¡No encuentro donde mi mamá **puso** las llaves!
Help! I can't find where my mom **put** the keys!

1225- Llaman – *Call (Plural)*

Ellos siempre **llaman** a la policía cuando hacemos ruido.
They always **call** the police when we make noise.

1226- Escuche – *Listen*

Escuche y siga las instrucciones, lo va a necesitar.
Listen and follow the instructions, you'll need it.

1227- Juez – *Judge*

No te halagues; yo seré la **juez** de eso.
Don't flatter yourself; I'll be the **judge** of that.

1228- Inglés – *English*

Él no habla nada de español, sólo **inglés.**
He doesn't speak a word of Spanish; just **English.**

1229- Precio – *Price*

En ningún lado veo el **precio** de este artículo.
I can't see this article's **price** anywhere.

1230- Rojo – *Red*

Quiero que me regales este labial **rojo.**
I want you to gift me this **red** lipstick.

1231- Formas – *Shapes/Ways*

Existen muchas **formas** de matar un amor.
There are many **ways** to kill love.

1232- Hagan – *Do/Make (Plural)*

¡**Hagan** algo! ¡Las llamas se están extendiendo!
Do something! The flames are extending further!

1233- Verano – *Summer*

En el **verano** podemos considerar irnos de vacaciones.
In the **summer** we can consider going on vacations.

1234- Podido – *Able*

No he **podido** comunicarme con mi hijo, ¿qué pasa?
I haven't been **able** to call my son, what's going on?

1235- Piernas – *Legs*

Ella tiene unas **piernas** hermosas, es modelo.
She has beautiful **legs,** she's a model.

1236- Isla – *Island*

Quiero irme a una **isla** y broncearme.
I want to go to an **island** and tan myself.

1237- Darme – *Give me*

No has querido **darme** el dinero que me debes.
You haven't wanted to **give me** the money you owe.

1238- Damas – *Ladies*

Las **damas** fueron a la fiesta en vestidos formales.
The **ladies** went to the party in formal dresses.

1239- Guardia – *Guard*

La **guardia** nacional arremetió contra los jóvenes.
The national **guard** attacked the young people.

1240- Espalda – *Back*

Tengo un dolor en la **espalda,** me arde mucho.
I have a **back** pain, it burns a lot.

1241- Conspirar – *Conspire/Plot*

Los soldados querían **conspirar** para tomar el poder.
The soldiers wanted to **plot** to seize power.

1242- Vengan – *Come (Plural)*

Vengan a la escuela mañana y traigan comida.
Come to the school tomorrow and bring food.

1243- Parar – *Stop*

Este acoso debe **parar** pronto, no puedo más.
This harassment must **stop** soon, I can't handle it.

1244- Llevas – *Carry*

Yo llevo la comida y tú **llevas** las botellas.
I take the food and you **carry** the bottles.

1245- Banda – *Band*

Después de esta canción, va a tocar mi **banda** favorita.
After this song, my favorite **band** is playing.

1246- Quedarme – *Stay*

No puedo **quedarme** aquí, por más que quisiera.
I can't **stay** here; for all that I want to.

1247- Habéis – *You have (Formal)*

Habéis cometido un grave error, mi querido amigo.
You have made a grave mistake, my beloved friend.

1248- Marcha – *March*

Marcha por nuestros derechos y por la libertad.
March for our rights and for our freedom.

1249- Luces – *Lights*

Prende las **luces,** que llegó la época de Navidad.
Turn on the **lights,** Christmas has come.

1250- Estuviera – *Be/Was*

El no esperaba que yo **estuviera** ahí escuchando.
He didn't expect me to **be** there listening.

1251- Crimen – *Crime*

Me quieren involucrar en un **crimen** que no cometí.
They want to charge me for a **crime** I didn't commit.

1252- Dejo – *I'll leave*

Si quieres que me vaya contigo, **dejo** todo.
If you want me to go with you, **I'll leave** everything.

1253- Ayudarte – *Help you*

¡Déjame **ayudarte,** no seas tan orgullosa!
Let me **help you,** don't be so proud!

1254- Esperen – *Expect/Wait (Plural)*

No nos **esperen,** nos quedaremos un rato más.
Don't **wait** for us, we'll stay a bit longer.

1255- Teníamos – *We had*

Teníamos un perro pero decidimos regalarlo.
We had a dog, but we gave it away.

1256- Diferencia – *Difference*

La **diferencia** entre esas dos cosas es imperceptible.
The **difference** between those two things is imperceptible.

1257- Llamaré – *I'll call*

Llamaré a mi madre para que nos busque.
I'll call my mother to pick us up.

1258- Ama – *Loves*

A veces el que **ama** es el que sale perdiendo.
Sometimes the one who **loves** is the loser.

1259- Conocí – *I met*

Desde que la **conocí,** no dejo de pensar en ella.
Since **I met** her, I can't stop thinking of her.

1260- Tiempos – *Times*

Poco a poco, los **tiempos** han ido cambiando.
Bit by bit, the **times** have changed.

1261- Déjalo – *Leave it/Leave him (Masculine)*

Déjalo, no vale la pena seguir intentando.
Leave it; it's not worth it to keep trying.

1262- Debajo – *Below/Under*

Debajo del mar hay una gran cantidad de especies.
Under the sea, there is a huge amount of species.

1263- Compañero – *Companion (Masculine)*

Mi **compañero** del gimnasio no vino hoy a entrenar.
My gym **companion** didn't come to train today.

1264- Dejé – *I left*

Dejé los estudios y me fui a otra ciudad.
I left my studies and went to another city.

1265- Come – *Eat*

Por favor, **come** bien antes de ir a trotar.
Eat well before going out to jog, please.

1266- Déjeme – *Leave/Let me (Formal)*

Déjeme hacerlo, yo sé que puedo con esto.
Let me do it, I know I can handle it.

1267- Molesta – *Annoys*

Me **molesta** que siempre estés hablando por teléfono.
It **annoys** me that you're always on the phone.

1268- Contar – *Count/Tell*

No vayas a **contar** los secretos que te dije.
Don't go and **tell** anyone the secrets I told you.

1269- Dejaré – *I'll leave*

Creo que **dejaré** dinero para que comas bien.
I think **I'll leave** money for you to eat well.

1270- Hablamos – *We speak*

Cuando **hablamos,** siento que pasa el tiempo lento.
When **we speak,** I feel time passes more slowly.

1271- Cansado – *Tired (Masculine)*

Estoy **cansado** de repetir siempre las mismas cosas.
I'm **tired** of having to repeat the same things.

1272- Ganado – *Cattle/Won*

El granjero vendió su **ganado** al mejor postor.
The farmer sold his **cattle** to the best bidder.

1273- Pareces – *You seem*

A veces **pareces** un tonto.
Sometimes **you seem** like a moron.

1274- Juicio – *Judgment*

Estudiaré más el caso antes de emitir un **juicio.**
I'll study the case more before giving **judgment.**

1275- Hablado – *Spoken*

No, nunca he **hablado** con esa persona.
No, I've never **spoken** with that person.

1276- Estilo – *Style*

Ella tiene un **estilo** único que me gusta mucho.
She has a unique **style** which I like a lot.

1277- Ayúdame – *Help me*

¡**Ayúdame,** me están intentando robar!
Help me; they're trying to rob me!

1278- Sepa – *Know*

Cuando **sepa** lo que pasa, te doy los detalles.
When I **know** what's happening, I'll give you details.

1279- Viendo – *Seeing*

No me dijiste que estabas **viendo** a alguien.
You didn't tell me you were **seeing** someone.

1280- Salida – *Departure/Exit*

Me dijo que iba a esperarme por la **salida.**
He said he'd wait for me by the **exit.**

1281- Alegra – *Happy*

No me **alegra** tu desgracia, pero ya te había dicho.
I'm not **happy** about your failure, but I'd told you so.

1282- Despierta – *Awake (Feminine)*

Si estás **despierta,** por favor escríbeme.
If you're **awake,** please message me.

1283- Estupendo – *Great (Masculine)*

Te quedó **estupendo** ese almuerzo, mamá.
That lunch you made was really **great,** mom.

1284- Darte – *Give you*

No puedo **darte** todo, pero si lo más importante.
I can't **give you** everything, but certainly the most important.

1285- Estados – *States*

Estuve estudiando los diferentes **estados** de la materia.
I was studying the different **states** of matter.

1286- Quedan – *Remain*

Sólo **quedan** cuatro pasteles en la tienda.
Only four **pies** remain in the store.

1287- Próximo – *Next (Masculine)*

Next Monday we'll all go to the museum.
El **próximo** lunes todos iremos al museo.

1288- Nota – *Note*

Déjale una **nota** a tu padre, por favor.
Please leave a **note** for your father.

1289- Llevó – *Took*

La dueña del carro nos **llevó** a todos a casa.
The owner of the car **took** us all home.

1290- Puedas – *You can*

Cuando **puedas,** llama a tus amigos para reunirnos.
When **you can,** call your friends to meet.

1291- Podrá – *Will/Can*

El **podrá** entregarte el producto cuando hayas pagado.
He **will** hand over the product when you've paid.

1292- Jefa – *Boss (Feminine)*

He tenido varias quejas de la **jefa,** lamentablemente.
I've had several complaints from the **boss,** unfortunately.

1293- Nave – *Ship*

Embarcaron la **nave** y partieron a nuevas tierras.
They embarked on the **ship** and left for new lands.

1294- Base – *Base*

Queremos que vigilen la **base**, el enemigo se acerca.
We want you to watch the **base**, the enemy approaches.

1295- Tenían – *They had*

Tenían peleas todos los días así que terminaron.
They had fights every day so they broke up.

1296- Sube – *Go up*

El avión **sube** hacia las nubes poco a poco.
The plane **goes up** to the clouds bit by bit.

1297- Vuelo – *Flight*

Los pájaros en **vuelo** no cesan de sorprenderme.
Birds in **flight** don't cease to amaze me.

1298- Excepto – *Except*

Todos están despedidos por negligencia **excepto** usted.
You're all fired for negligence **except** for you.

1299- Golpe – *Knock*

Recibió un doloroso **golpe** que lo dejó inconsciente.
He received a painful **knock** that left him unconscious.

1300- Delantera – *Forefront*

El carro rojo se disparó hacia la **delantera**.
The red car sped ahead to the **forefront**.

1301- Viento – *Wind*

No pude detener el balón por el gran **viento** que existía.
I couldn't stop the ball because of the great **wind.**

1302- Estaremos – *We'll be*

Si seguimos así, **estaremos** en Argentina en sólo tres días.
If we continue like this, **we'll be** in Argentina in just three days.

1303- Acción – *Action*

Veamos una película de **acción,** son mis favoritas.
Let's watch an **action** movie, they're my favorites.

1304- Tonterías – *Silly things*

El professor siempre termina hablando **tonterías.**
The teacher always ends up saying **silly things.**

1305- Respecto – *Concerning*

Respecto a los cambios, todo será revertido pronto.
Concerning the changes, it'll all be reverted soon.

1306- Desea – *Desire/Want*

¿Qué **desea,** señor? Tenemos comida de todo tipo.
What do you **want,** sir? We have all types of food.

1307- Sigues – *You're still*

Si **sigues** en la discoteca, te quiero de vuelta ya.
If **you're still** at the disco, I want you back now.

1308- Debía – *Had to*

El **debía** conversar las cosas antes de seguir.
He **had to** talk things through before continuing.

1309- Vendrá – *Will come*

El peleador **vendrá,** cuenta con eso.
The fighter **will come,** count on that.

1310- Encontramos – *We found*

Esta tarde **encontramos** algo sospechoso en el bosque.
This afternoon **we found** something suspicious at the forest.

1311- Beso – *Kiss*

Me encantó el **beso** que me dio esa noche.
I loved the **kiss** she gave me that night.

1312- Cuestión – *Topic*

Esa no es la **cuestión;** no divague, señor.
That isn't the **topic;** don't stray, sir.

1313- Volvió – *Went back/Come back*

Me preocupa que él no **volvió** anoche.
It worries me that he didn't **come back** last night.

1314- Reglas – *Rules*

Las **reglas** no van a cambiar; respétalas y ya.
The **rules** aren't changing, just respect them.

1315- Ruido – *Noise*

El **ruido** en esta casa me está volviendo loco.
The **noise** in this house is driving me insane.

1316- Acabado – *Finish/Finished (Masculine)*

El **acabado** de esta pintura es simplemente asombroso.
The **finish** on this paintjob is simply amazing.

1317- Salga – *Go out*

Por favor **salga,** tenemos una decisión que tomar.
Please **go out,** we have a decision to make.

1318- Olvidado – *Forgotten (Masculine)*

No quiero que cuando te hayas ido, yo sea **olvidado.**
When you leave, I don't want to be **forgotten** by you.

1319- Mentira – *Lie*

Nada me ha dolido más que tu gran **mentira.**
Nothing has ever hurt me more than your huge **lie.**

1320- Brazo – *Arm*

Me lastimé el **brazo** en ese partido de futbol.
I hurt my **arm** in that football match.

1321- Empezó – *It started*

¡Apúrate, que **empezó** y debemos llegar rápido!
Hurry, **it started** and we have to arrive quickly!

1322- Cálmate – *Take it easy*

Oye, **cálmate,** no podemos esperar resultados instantáneos.
Hey, **take it easy,** we can't expect instant results.

1323- Caballos – *Horses*

Mi padre tiene varios **caballos** adultos en su terreno.
My father has several adult **horses** on his lands.

1324- Experiencia – *Experience*

La **experiencia** fue increíble, no la cambio por nada.
The **experience** was amazing; I wouldn't trade it for anything.

1325- Tranquila – *Quiet/Calm*

Quiero que estés **tranquila,** no sucede nada malo.
I want you to be **calm,** nothing bad is happening.

1326- Quedar – *Stay*

Te agradecería si te puedes **quedar** trabajando esta tarde.
I'd be thankful if you could **stay** and work this afternoon.

1327- Esperanza – *Hope*

Dicen que lo último que se pierde es la **esperanza.**
They say the last thing you lose is **hope.**

1328- Irte – *Leave*

No tienes que **irte** si no quieres; quédate.
You don't have to **leave** if you don't want to; stay.

1329- Comentario – *Comment*

Es mejor que no hagas ningún **comentario** al respecto.
It's better if you don't make a **comment** on it.

1330- Perros – *Dogs*

Quiero comerme unos **perros** calientes esta noche.
I want to eat some hot **dogs** tonight.

1331- Casado – *Married (Masculine)*

Le pregunté si estaba **casado,** pero me mintió.
I asked him if he was **married,** but he lied.

1332- Llegue – *Arrives*

Cuando **llegue** el pedido, quiero que me avises en seguida.
When the order **arrives,** I want to be notified right away.

1333- Drogas – *Drugs*

Esta guerra contra las **drogas** ha sido muy efectiva.
This war against **drugs** has been very effective.

1334- Pidió – *Asked*

Él me **pidió** algo que lamentablemente no podía darle.
He **asked** me for something that I unfortunately couldn't give him.

1335- Espíritu – *Spirit*

El **espíritu** de seguir luchando es lo que más admiro.
The **spirit** of continuing to fight is what I admire most.

1336- Vacaciones – *Holidays*

Con el fin de las **vacaciones,** empiezan las odiadas clases.
With the **end** of the holidays, the dreaded classes begin.

1337- Copa – *Cup*

Si ganamos este partido, vamos al final de la **copa**.
If we win this match, we're going to the **cup** final.

1338- Investigación – *Investigation*

La **investigación** de la empresa reveló preocupantes hechos.
The **investigation** of the company revealed worrying facts.

1339- Prefiero – *I prefer*

Prefiero que vayamos lento con estas cosas, ¿de acuerdo?
I prefer we go slowly with these things, okay?

1340- Solía – *Used to*

Él **solía** ser famoso, pero las cosas rápidamente decayeron para él.
He **used to** be famous, but things quickly soured for him.

1341- Llevaré – *I'll take*

Creo que **llevaré** a mi hermana a comer primero.
I think **I'll take** my sister to eat first.

1342- Menudo – *Often*

A menudo las cosas salen mal si hay presión.
Things **often** go badly if there is too much pressure.

1343- A Partir – *From*

A partir de ese momento, todo fue diferente para ellos.
From that moment onwards, everything was different for them.

1344- Visita – *Visit*

Quiero que vayamos de **visita** a casa de mis padres.
I want us to go **visit** my parent's house.

1345- Alta – *High (Feminine)*

Tengo una **alta** cantidad de estudiantes esperando nota.
I have a **high** number of students expecting their grades.

1346- Abrir – *Open*

Quiero **abrir** un negocio aquí en esta calle.
I want to **open** a business here on this street.

1347- Motocicleta - *Motorcycle*

Se cayó de su **motocicleta** y ahora está muy grave.
He fell from his **motorcycle** and now he's very hurt.

1348- Nueve – *Nine*

Hay **nueve** distintas especies de este animal.
There are **nine** different species of this animal.

1349- Bomba – *Bomb*

Colocaron una **bomba** en el metro: hay cuatro muertos.
Someone placed a **bomb** on the train: there are four dead.

1350- Energía – *Energy*

Necesitamos un jugador con gran **energía** para la banda.
We need a player with great **energy** for the wing.

1351- Bolsa – *Bag*

La tienda ya no entrega **bolsa** por razones ecológicas.
The shop doesn't offer a **bag** anymore for ecological reasons.

1352- Hacerte – *Do/Make*

Quiero **hacerte** una torta de chocolate para tu cumpleaños.
I want to **make you** a chocolate cake for your birthday.

1353- Santa – *Saint (Feminine)*

Quiero visitar la estatua de la **santa** este año.
I want to visit the **saint's** statue this year.

1354- Pan – *Bread*

El **pan** que venden aquí es el mejor de la ciudad.
The **bread** they sell here is the best in town.

1355- Piel – *Skin*

Tengo una alergia muy incómoda en la **piel**.
I have a very uncomfortable allergy on my **skin**.

1356- Usa – *Uses*

El pintor **usa** una brocha especial para realizar su trabajo.
The painter **uses** a special brush to finish his work.

1357- Metros – *Meters*

Espero crecer hasta al menos dos **metros** de altura.
I hope to grow until at least two **meters** in height.

1358- Perdona – *Forgives*

Aquel que **perdona** es el más fuerte de los dos.
He who **forgives** is the stronger of the two.

1359- Escrito – *Written*

Había algo **escrito** en esta pared, pero fue borrado.
There was something **written** on this wall, but it was erased.

1360- Exacto – *Exact*

Estuve en el momento **exacto** en el que sucedió todo.
I was there at the **exact** moment everything took place.

1361- Jugando – *Playing*

Yo gané las rondas de ajedrez que estábamos **jugando**.
I won the rounds of chess that we were **playing**.

1362- Cuello – *Neck*

Me dieron un beso en el **cuello** que me dio escalofríos.
They gave me a kiss on the **neck** that gave me the chills.

1363- Larga – *Long (Feminine)*

La noche se ha hecho **larga** sin servicio eléctrico.
The night has become **long** without any electrical power.

1364- Escapar – *Escape*

Desde que lo arrestaron, les prometió que se iba a **escapar**.
Since his arrest, he'd promised them he would **escape**.

1365- Salvar – *Save*

¿Habrá alguien que venga a **salvar** nuestro mundo del caos?
Is there anyone out there who will **save** our world from chaos?

1366- Escucha – *Listen*

Escucha amigo, las cosas acá ya no son como tú crees.
Listen friend, things around here aren't like you think anymore.

1367- Perdone – *Forgive*

Perdone la intromisión, pero necesito preguntarle algo.
Forgive the interruption, but I need to ask a question.

1368- Sirve – *Serve/Work*

La televisión se quemó y ya no **sirve**.
The television short-circuited and doesn't **work** anymore.

1369- Preocupe – *Worry*

No se **preocupe**, todo se va a mejorar pronto.
Don't **worry**, everything will get better soon.

1370- Especie – *Species*

Hoy, científicos descubrieron una nueva **especie** de ave.
Today, scientists discovered a new **species** of bird.

1371- Aquella – *That (Feminine)*

Aquella película sobre los aviones me gustó mucho.
I liked **that** movie about planes a lot.

1372- Verá – *You'll see (formal)*

Las cosas cambiarán; **verá** que todo será diferente después.
Things will change; **you'll see** that everything will be different.

1373- Brazos – *Arms*

Quiero trabajar mis **brazos** en el gimnasio esta tarde.
I want to work on my **arms** at the gym this afternoon.

1374- Llena – *Full (Feminine)*

Mi vida está **llena** de felicidad desde que tú llegaste.
My life is **full** of happiness since you arrived.

1375- Subir – *Go up*

Vamos a **subir** a la montaña más tarde, ¿quieres venir?
We're going to **go up** to the mountain later, want to come?

1376- Blanca – *White (Feminine)*

La pared **blanca** se derrumbó después del terremoto.
The **white** wall collapsed after the earthquake hit.

1377- Fe – *Faith*

Ten **fe** en el equipo, seguro saldrán de esta mala racha.
Have **faith** in the team, they'll surely leave this bad streak behind.

1378- Sabio – *Wise (Masculine)*

Sólo un **sabio** podría haber dicho algo tan cierto.
Only a **wise** man could have said something so true.

1379- Modos – *Modes/Ways (Masculine)*

Existen varios **modos** de instalar este programa.
There are several **ways** to install this program.

1380- Traído – *Brought*

Él siempre viene a comer, pero jamás ha **traído** algo.
He always comes to eat, but he's never **brought** anything.

1381- Películas – *Films*

Las mejores **películas** son aquellas que dejan una lección.
The best **films** are those that leave a lesson behind.

1382- Dama – *Lady*

Ella es la **dama** del castillo; la dueña de esta mansión.
She is the **lady** of the castle; the owner of this mansion.

1383- Suya – *His/Hers (Feminine)*

La espada **suya** es más filosa que la mía.
His sword is sharper than mine.

1384- Decirlo – *Say*

No hace falta **decirlo,** aquí todo está mal.
It's unnecessary to **say** it, everything here is wrong.

1385- Doble – *Double*

Quiero una hamburguesa **doble** con una ración de papas.
I want a **double** hamburger with a serving of fries.

1386- Inmediatamente – *Immediately*

¡Venga **inmediatamente** a mi oficina! ¡Ahora mismo!
Come to my office **immediately!** Right now!

1387- Culpable – *Guilty*

No quiero ser **culpable** de mimar demasiado a mi hijo.
I don't want to be **guilty** of spoiling my son too much.

1388- Preocupa – *Worries*

Me **preocupa** que mi esposo no haya llegado.
It **worries** me that my husband hasn't arrived.

1389- Tardes – *Afternoon/Afternoons*

Buenas **tardes,** ¿puedes venir todas las **tardes?**
Good **afternoon,** can you come every **afternoon?**

1390- Vengo – *I come*

Si **vengo** mañana, ¿podrás pagarme lo que debes?
If **I come** tomorrow, will you pay me what you owe?

1391- Bosque – *Forest*

Quiero adentrarme al **bosque** a buscar mi perro.
I want to go into the **forest** to search for my dog.

1392- Perdí – *I missed/I lost*

Creo que **perdí** mi teléfono celular, que lástima.
I think **I lost** my cell phone, what a shame.

1393- Máximo – *Maximum (Masculine)*

El **máximo** peso permitido es de veinte kilogramos.
The **maximum** weight allowed is of twenty kilograms.

1394- Volverá – *Return*

Ya verás que **volverá** sin problemas, tranquila.
You'll see he'll **return** without any issues, calm down.

1395- Taxi – *Cab*

Tomaré un **taxi** hasta mi destino para no llegar tarde.
I'll take a **cab** to my destination to avoid being late.

1396- Volar – *Fly*

El avión no va a poder **volar** con este viento.
The plane won't be able to **fly** with these winds.

1397- Debido – *Due*

Debido a la nueva normativa, hemos perdido derechos.
Due to the new regulations, we've lost rights.

1398- De repente – *Suddenly*

Y de **repente,** el miedo que tenía se fue.
And **suddenly,** the fear that he had deserted him.

1399- Bromeando – *Joking*

Sólo estaba **bromeando,** no te lo tomes tan mal.
I was just **joking,** don't take it so badly.

1400- Operativo – *Working/Operating*

Este equipo está **operativo,** no tiene ninguna falla.
This unit is **working,** it has no faults.

1401- Viejos – *Old (Plural, Masculine)*

Estos zapatos están muy **viejos,** necesito otros urgentemente.
These shoes are too **old,** I need new ones urgently.

1402- Planeta – *Planet*

Este **planeta** necesita de tu ayuda, colabora con él.
This **planet** needs your help, cooperate with it.

1403- Leche – *Milk*

Por favor, ve al mercado y compra un litro de **leche.**
Please, go to the market and buy a liter of **milk.**

1404- Apodo – *Nickname*

No te quiero decir mi **apodo,** es muy vergonzoso.
I don't want to tell you my **nickname,** it's embarrassing.

1405- Tanta – *So much (Feminine)*

No habría **tanta** pelea en esta casa si obedecieras.
There wouldn't be **so much** conflict in this house if you obeyed.

1406- Tuviera – *Had*

Si **tuviera** una moneda por cada vez que eso pasara.
If I had a **coin** for every time that happened.

1407- Encantado – *Charmed (Masculine)*

Quedé **encantado** con el nuevo novio de mi hija.
I felt **charmed** to meet my daughter's new boyfriend.

1408- Cabrón – *Dumbass (Masculine)*

Eres un gran **cabrón** e hijo de puta.
You're a huge **dumbass** and son of a bitch.

1409- Correr – *Run*

Si ves venir a la policía, sólo debes **correr** rápido.
If you see the police coming, just **run** quickly.

1410- Depende – *It depends*

Creo que **depende** si mis padres están aquí esta noche.
I think **it depends** on my parents being here tonight.

1411- Enriquecer – *Enrich*

Creo que esta experiencia va a **enriquecer** a todos los estudiantes.
I think this experience will **enrich** all of our students.

1412- Común – *Common*

Es muy **común** que ocurran estas cosas en la calle.
It's very **common** for these things to happen on the street.

1413- Informe – *Report*

Necesito un **informe** de este mes para mañana a primera hora.
I need a **report** for this month for tomorrow at first light.

1414- Recibo – *Receipt*

Si necesitas devolver el regalo, aquí tienes el **recibo.**
If you need to take the gift back, here's the **receipt.**

1415- Solamente – *Only*

Solamente quiero que seas sincera por alguna vez en tu vida.
I **only** want you to be honest for once in your life.

1416- Máquina – *Machine*

Prende la **máquina** y vamos a comenzar el proceso.
Turn on the **machine** and let's begin the process.

1417- Muere – *Die*

La gente **muere** todos los días por esta enfermedad.
People **die** every day because of this illness.

1418- Principal – *Main/Principal*

La **principal** razón por la que están aquí es por su bien.
The **main** reason you're here is for your own good.

1419- Ridículo – *Ridiculous (Masculine)*

Te ves **ridículo** con esa camisa, por favor cámbiate.
You look **ridiculous** with that shirt on, please change.

1420- Entrada – *Entry/Entrance*

En la **entrada** tenemos seguridad para cuidar el área.
At the **entrance** we have security to watch the area.

1421- Encontró – *Found*

Él **encontró** un montón de dinero en el autobús.
He **found** a lot of money on the bus.

1422- Podamos – *Can (Plural)*

No creo que **podamos** concluir el trabajo hoy mismo.
I don't think we **can** conclude the work today.

1423- Acabar – *Finish/End up*

Vas a **acabar** muerto si sigues con este estilo de vida.
You're going to **end up** dead if you continue this lifestyle.

1424- América – *America*

Todos los pueblos de **América** se pusieron de acuerdo.
All of the peoples of **America** reached an agreement.

1425- Regresa – *Come back*

Por favor **regresa,** todo sera mejor, te lo prometo.
Please **come back,** it'll all be better, I promise.

1426- Probar – *Try*

Deberías **probar** este coctel de camarones, está divino.
You should **try** this prawn cocktail, it's delicious.

1427- Príncipe – *Prince*

Yo soy tu **príncipe** y tu mi princesa, mi amor.
I'm your **prince** and you're my princess, my love.

1428- Maestro – *Master (Masculine)*

En esto de las apuestas, soy un **maestro.**
In this betting thing, I'm a **master.**

1429- Preparado – *Prepared (Masculine)*

No estaba **preparado** para lo que ocurriría después.
I wasn't **prepared** for what happened after.

1430- Pedido – *Order*

Tengo días esperando que llegue mi **pedido**.
I've been waiting for my **order** for days.

1431- Propósito – *Purpose*

Necesito darle un **propósito** a mi vida y seguir adelante.
I need to give my life a **purpose** and move forward.

1432- Dieron – *Gave (Plural)*

Ellos le **dieron** la estocada final al malhechor.
They **gave** the wrongdoer the final blow.

1433- Salido – *Gone out*

Fui a visitar a mi abuelo, pero había **salido**.
I went to visit my grandfather, but he'd **gone out**.

1434- Cliente – *Client*

El **cliente** era un hombre impaciente que nunca esperaba.
The **client** was an impatient man that never waited.

1435- Árbol – *Tree*

Un **árbol** cayó sobre la casa debido a los vientos.
A **tree** fell on the house because of the winds.

1436- Absoluto – *Absolute (Masculine)*

Alguien dijo que el poder **absoluto** corrompe absolutamente.
Someone said that **absolute** power corrupts absolutely.

1437- Dejas – *You let/You allow*

¿Por qué **dejas** que tu hijo haga lo que quiera?
Why do **you allow** your son to do what he wants to?

1438- Quiénes – *Who (Plural)*

¿**Quiénes** fueron los que entraron aquí anoche?
Who were the ones who came in here last night?

1439- Habías – *You had*

Habías dicho que ibas a ayudarme hoy.
You had said you'd help me out today.

1440- Barro – *Mud*

Levántate y sacúdete ese **barro**; es hora de pelear.
Get up and shake off that **mud**; it's time to fight.

1441- Parecen – *Look like (Plural)*

Parecen hermanas por la forma en la que se llevan.
They **look like** sisters from the way they treat each other.

1442- Belleza – *Beauty*

Hay una **belleza** incomparable en las mujeres de este país.
There is unrivalled **beauty** among the women of this country.

1443- Llamé – *Called*

Yo **llamé** muchas veces, pero jamás me contestaron.
I **called** many times, but they never answered me.

1444- Intenta – *Try/Attempt*

Intenta ver las cosas de otra manera y entenderás.
Attempt to look at things in a different way and you'll get it.

1445- Humanos – *Humans*

Los **humanos** suelen errar, pero debemos aprender de ello.
Humans tend to make mistakes, but we must learn from them.

1446- Yeso – *Plaster*

Fui al museo y vi muchas esculturas de **yeso.**
I went to the museum and saw many **plaster** sculptures.

1447- Tratar – *Treat/Try*

No sabes cómo **tratar** a una dama, se te nota.
You don't know how to **treat** a lady, it's clear.

1448- Vuestra – *Your (Formal, Feminine)*

Vuestra familia se encontrará orgullosa de usted pronto.
Your family will find themselves proud of you soon.

1449- Hayas – *You have*

Cuando **hayas** terminado de jugar, por favor ve a bañarte.
When **you have** finished playing, please go and shower.

1450- Princesa – *Princess*

No quiero parecer una **princesa** que necesita ser rescatada.
I don't want to seem like a **princess** that needs rescuing.

1451- Sigo – *I follow/I keep*

Yo **sigo** creyendo que algún día la volveré a ver.
I keep thinking that someday I'll see her again.

1452- Quedarse – *Staying*

Entre irse y **quedarse,** él tenía un gran dilema.
Between going and **staying,** he had a huge dilemma.

1453- Oeste – *West*

Las cosas en el **oeste** del país se hacen un poco diferentes.
Things in the **west** of the country are done a bit differently.

1454- Traer – *Bring*

¿Puedes **traer** algo de recuerdo cuando vengas de allá?
Can you **bring** a souvenir when you come back from there?

1455- Olvídalo – *Forget it*

¿Piensas que voy a rogarte? ¡Pues **olvídalo**!
Do you think I'm going to beg? Well **forget it**!

1456- Francia – *France*

Estamos organizando un viaje a **Francia** este año.
We're organizing a trip to **France** this year.

1457- Tuvimos – *We had*

Tuvimos una aventura hace tiempo; fue una locura.
We had an affair a long time ago; it was nuts.

1458- Ayudarme – *Help me*

¿Crees que puedas **ayudarme** con la tarea más tarde?
Do you think you can **help me** with homework later?

1459- Deprisa – *Quickly*

Las cosas van muy **deprisa**, quisiera detenerme un poco.
Things are going too **quickly**, I'd like to slow down a little.

1460- Llaves – *Keys*

Aquí tienes las **llaves** del auto; no regreses tarde.
Here you have the **keys** to the car; don't come back late.

1461- Tiro – *Shot*

El **tiro** voló directamente hacia el blanco.
The **shot** flew straight towards the target.

1462- Cerdo – *Pork (Masculine)*

Para la cena comimos unas costillas de **cerdo** picantes.
For dinner we ate some spicy **pork** ribs.

1463- Gato – *Cat (Masculine)*

El instructor dijo que soy tan ágil como un **gato**.
The instructor said that I'm as agile as a **cat**.

1464- Inglaterra – *England*

Tengo más de una década sin ver a **Inglaterra**.
I haven't seen **England** in more than a decade.

1465- Vistazo – *Glance*

Al primer **vistazo**, parece algo común y corriente.
At first **glance**, it seems like something common.

1466- Cuántas – *How many (Feminine)*

¿**Cuántas** personas cabrán en esta pequeña habitación?
How many people will fit in this small room?

1467- Defensa – *Defense*

En su **defensa**, apenas estaba aprendiendo a controlarlo.
In his **defense**, he was just learning how to control it.

1468- Nuevos – *New (Plural, Masculine)*

Me compré unos zapatos **nuevos** en el centro commercial.
I bought a **new** pair of shoes at the mall.

1469- Últimos – *Latest/Last (Plural, Masculine)*

Los **últimos** en entregar la prueba serán castigados.
The **last** in turning in the exam will be punished.

1470- Reloj – *Clock/Watch*

¿Tienes **reloj**? Necesito saber qué hora es.
Do you have a **watch**? I need to know the time.

1471- Fuimos – *We went*

Este invierno **fuimos** a una isla del Caribe.
This winter **we went** to an island in the Caribbean.

1472- Batalla – *Battle*

Hacer que mis hijos se vistan cada mañana es una **batalla**.
Getting my kids to get dressed every morning is a **battle**.

1473- Habla – *Talk*

Ya, **hable,** cuéntame lo que pasó esa tarde.
Go on, **talk,** tell me what happened that afternoon.

1474- Caminar – *Walk*

Voy a salir a **caminar** a ver si se me pasa esto.
I'm going out to **walk** to see if this feeling passes.

1475- Hacerle – *Make*

Voy a **hacerle** una torta como ninguna otra.
I'm going to **make** her a cake like no other.

1476- Vayamos – *We go*

Cuando **vayamos** a las montañas, vas a disfrutar mucho.
When **we go** to the mountains, you're going to enjoy a lot.

1477- Interior – *Inside*

En el **interior** de cada individuo hay dudas y miedos.
On the **inside** of every individual there are doubts and fears.

1478- Bella – *Beautiful (Feminine)*

Es muy **bella** esa película que vimos anoche.
That movie we saw last night is very **beautiful**.

1479- Felices – *Happy (Plural)*

Quiero que seamos **felices** y que tengamos mucha paz.
I want us to be **happy** and lead peaceful lives.

1480- Intentando – *Trying*

Estuvimos **intentando** arrancar el auto, pero no sirvió.
We were **trying** to start the car, but it didn't work.

1481- Apartamento – *Apartment*

El **apartamento** está a la venta: si llaman dales el precio.
The **apartment** is on sale: if they call, give them the price.

1482- Teatro – *Theater*

En la capital hay un hermoso **teatro** al cual quiero ir.
In the capital there's a beautiful **theater** which I want to visit.

1483- Hacerme – *Do me*

Podrías **hacerme** el favor de ir para allá si quieres.
You could **do me** the favor of going there if you want.

1484- Papi – *Daddy*

Mi **papi** es un hombre muy importante en su empresa.
My **daddy** is a very important man at his company.

1485- Destruir – *Destroy*

Para evitar que nos agarren, debemos **destruir** la evidencia.
To avoid getting caught, we have to **destroy** the evidence.

1486- Asuntos – *Issues/Subjects*

Esta reunion es para resolver varios **asuntos** pendientes.
This meeting is to solve several pending **issues**.

1487- Confiar – *Trust*

Creo que vas a tener que **confiar** en nosotros y ya.
I think you're going to need to **trust** us and that's it.

1488- Hielo – *Ice*

Me llevaron a la pista de **hielo** como esperaba.
They took me to the **ice** rink as I'd expected.

1489- Detective – *Detective*

El **detective** se esforzó para resolver el complicado caso.
The **detective** worked hard to solve the complicated case.

1490- Deberían – *Should (Plural)*

Los que no estuvieron allí, **deberían** hacer silencio por ahora.
Those who weren't there **should** be silent for now.

1491- Cantar – *Sing*

Mi hermano siempre se pone a **cantar** en la ducha.
My brother always starts to **sing** in the shower.

1492- Bajar – *Go down/Download*

Voy a **bajar** con el perro, ¿quieres que traiga algo?
I'm going to **go down** with the dog, want something?

1493- Vuestro – *Your (Formal)*

Vuestro contrato se ha vencido, deberá renovar con otro.
Your contract has expired, you must renew with another.

1494- Pelear – *Fight*

Estoy cansado de **pelear** con la gente en casa.
I'm tired of **fighting** with the people at home.

1495- Locos – *Crazy people (Masculine)*

Ten cuidado con esos hombres, hijo, parecen **locos**.
Be careful with those men, son, because they look like **crazy people**.

1496- Paga – *Pay*

En mi nuevo trabajo la **paga** no es tan buena.
In my new job, the **pay** isn't that good.

1497- Oyes – *You hear*

¿Será que **oyes** eso? Suena como una estampida humana.
Can **you hear** that? It sounds like a human stampede.

1498- Completo – *Complete/Full (Masculine)*

Quiero pedir de verdad una opción **completa** para el almuerzo.
I really want to request a **complete** option for lunch.

1499- Lucha – *Fight/Struggle*

La **lucha** interna del bien contra el mal a veces es palpable.
The internal **struggle** of good against evil sometimes is blatant.

1500- Fuerzas – *Forces*

En la vida hay **fuerzas** que parecen atraer o alejarnos.
In life there are **forces** that seem to attract or distance us.

1501- Ideas – *Ideas*

Tengo unas cuantas **ideas** para el proyecto de mañana.
I have quite a few **ideas** for the project tomorrow.

1502- Borracho – *Drunk (Masculine)*

Anoche estabas tan **borracho** que no podías pararte.
Last night you were so **drunk** you couldn't stand up.

1503- Héroe – *Hero (Masculine)*

No queremos un **héroe**, solo alguien que trabaje.
We don't want a **hero**, just someone who works.

1504- Camión – *Truck*

El **camión** de la basura no ha pasado, aprovecha.
The garbage **truck** hasn't come by, take advantage.

1505- Cabo – *Corporal/Knot*

Voy a atar los **cabos** de la cuerda para este bote.
I'm going to tie the **knots** for the ropes of this boat.

1506- Dientes – *Teeth*

Me hace falta ir al odontólogo a revisar mis **dientes**.
I need to go to the dentist to check my **teeth**.

1507- Verde – *Green*

Tener una dieta **verde** es importante para la salud.
Having a **green** diet is important to your health.

1508- Despacio – *Slowly*

Íbamos manejando **despacio** por la oscuridad que había.
We were driving **slowly** because of the darkness around us.

1509- Decidido – *Decided/Determined (Masculine)*

Era un hombre **decidido** que nunca dudaba para actuar.
He was a **determined** man who never doubted to act.

1510- Sociedad – *Society*

Hoy, la **sociedad** de estudiantes se ha pronunciado.
Today, the **society** of students has spoken out.

1511- Pareja – *Couple*

La **pareja** estaba feliz en su nuevo hogar y con un bebé.
The **couple** was happy in their new home and with a baby.

1512- Dígame – *Tell me (Formal)*

Dígame señora, ¿desea el auto en azul o en negro?
Tell me ma'am, do you want the car in blue or black?

1513- Estuviste – *You were*

Me dijeron que **estuviste** toda la noche tomando cerveza.
They told me **you were** drinking beer all night.

1514- Nariz – *Nose*

La modelo famosa se operó la **nariz** para perfilarla.
The famous model got her **nose** operated to profile it.

1515- Vergüenza – *Shame*

Que **vergüenza** que no hayamos podido pasar de ronda.
What a **shame** that we couldn't even complete this round.

1516- Caer – *Fall*

Dicen que el dictador va a **caer;** no estoy seguro.
They say the dictator will **fall;** I'm not so sure.

1517- Juguete – *Toy*

El **juguete** de mi hijo me salió bien costoso.
My son's **toy** cost me a lot of money.

1518- Herido – *Injured (Masculine)*

La estrella de nuestro equipo cayó **herido** al campo.
The star player of our team collapsed **injured** on the pitch.

1519- Ultimátum – *Ultimatum*

El dueño de la casa le dio un **ultimátum** con el alquiler.
The owner of the home gave him an **ultimatum** with the rent.

1520- Cuentas – *Accounts*

Tengo un par de **cuentas** en el extranjero para emergencias.
I have a couple of **accounts** overseas for emergencies.

1521- Pista – *Track*

El corredor se salió de la **pista** y fue descalificado.
The racer left the **track** and was disqualified.

1522- Siéntese – *Sit (Formal)*

Siéntese, por favor. ¿Quiere café y galletas?
Sit, please. Do you want coffee and cookies?

1523- Bebe – *Drinks*

El niño **bebe** mucho refresco, se le caerán los dientes.
The kid **drinks** too many soft drinks, his teeth will fall out.

1524- Sonido – *Sound*

Lo único que se escuchaba era el **sonido** de una corneta.
The only thing to be heard was the **sound** of a horn.

1525- Estrellas – *Stars*

Las **estrellas** hoy están bellísimas en el cielo nocturno.
The **stars** today are beautiful in the night sky.

1526- Sombrero – *Hat*

El viento se llevó mi **sombrero** volando para siempre.
The wind took my **hat** flying away forever.

1527- Cayó – *Fell*

Él tropezó y **cayó** del acantilado a su muerte.
He tripped and **fell** from the cliff to his death.

1528- Evitar – *Avoid*

Quiero **evitar** malos entendidos, así que aclaremos todo.
I want to **avoid** misunderstandings, so let's clear everything up.

1529- Pasará – *Will happen/Will pass*

Este mal periodo **pasará** y el negocio se recuperará.
This bad period **will pass** and the business will recover.

1530- Mariposa – *Butterfly*

La **mariposa** vino volando y se posó sobre mi cara.
The **butterfly** came flying and landed on my face.

1531- Memoria – *Memory*

Si la **memoria** no me falla, eso sucedió en el 53.
If my **memory** doesn't fail me, that happened in '53.

1532- Solos – *Alone (Plural)*

Ella y yo queríamos estar **solos,** pero nadie colaboraba.
She and I just wanted to be **alone,** but nobody helped.

1533- Llorar – *Cry*

A veces quisiera **llorar** y sacar toda esta rabia.
Sometimes I just want to **cry** and let go of the anger.

1534- Nervioso – *Nervous (Masculine)*

Me pone **nervioso** este examen, necesito estudiar más.
This test makes me **nervous**, I need to study more.

1535- Lástima – *Pity*

No siento ni **lástima** por él, es así de insignificante.
I don't even feel **pity** for him, he's that meaningless.

1536- Haberlo – *Had*

De **haberlo** dicho antes, podríamos haber actuado.
If you **had** said it before, we could have acted.

1537- Época – *Time/Period*

En la **época** de los griegos, esta actividad era más común.
In the **time** of the Greeks, this activity was more common.

1538- Naturaleza – *Nature*

A veces necesito escaparme a un sitio con mucha **naturaleza**.
Sometimes I need to escape to a place with a lot of **nature**.

1539- Vender – *Sell*

Quiero **vender** un artículo, ¿me ayudarías a hacerlo?
I want to **sell** an item, would you help me do it?

1540- Política – *Politics*

La **política** es sucia y nadie gana al final.
Politics are dirty and nobody wins at the very end.

1541- Levántate – *Get up*

Si la vida te da un empujón y caes, mejor **levántate.**
If life gives you a shove and you fall down, just **get up.**

1542- Estudio – *Study*

Entre mis oficios y el **estudio,** no me da tiempo de nada.
Between my chores and **studying,** I don't have time for anything.

1543- Brillante – *Sparkly*

La decoración de Navidad era bastante **brillante.**
The Christmas decoration was very **sparkly.**

1544- Nivel – *Level*

Los problemas de matemática de esta clase son de otro **nivel.**
The math problems in this class are a whole new **level.**

1545- Diferentes – *Different (Plural)*

Hay muchas maneras **diferentes** de perder este juego.
There are many **different** ways to lose this game.

1546- Dando – *Giving*

Hay personas **dando** ayuda a caridad y otras sólo criticando.
There are people **giving** help to charity and others just criticize.

1547- Hubiese – *Had*

Si **hubiese** invertido en ese negocio, sería un millonario.
If I **had** invested in that business, I'd be a millionaire.

1548- Permite – *Allows*

El uso de esta tarjeta **permite** la entrada al parque.
The use of this card **allows** entrance to the park.

1549- Justicia – *Justice*

La **justicia** pareciera no existir en este país.
Justice seems to be inexistent in this country.

1550- Planes – *Plans*

Tengo muchos **planes** de arreglar las cosas con ella.
I have many **plans** to fix things with her.

1551- Gay – *Gay*

El actor se declaró **gay,** es muy valiente.
The actor declared himself **gay,** he's very brave.

1552- Mírame – *Look at me*

Mírame y júrame que dices la verdad sobre esto.
Look at me and swear you're telling the truth about this.

1553- Llegamos – *We arrived*

Llegamos a la conclusión de que algo extraño estaba ocurriendo.
We arrived to the conclusion that something strange was happening.

1554- Roma – *Rome*

Mi novia y yo nos vamos a vacacionar a **Roma.**
My girlfriend and I are going on holiday to **Rome.**

1555- Seguramente – *Surely*

Seguramente las cosas irán mejor cuando nos mudemos.
Surely things will go better when we move out.

1556- Papa – *Pope*

El último **papa** fue el más controvertido de la historia.
The last **pope** was the most controversial in history.

1557- Parecer – *Seem*

Puede **parecer** que no sé nada, pero no es cierto.
It may **seem** that I don't know anything, but that's not true.

1558- Ternura – *Tenderness*

La madre arropó a su bebé con hermosa **ternura.**
The mother tucked in her baby with heartwarming **tenderness.**

1559- Terminó – *Finished*

Sin darse cuenta, se **terminó** la relación para ambos.
Without realizing it, the relationship **finished** for them both.

1560- Pierna – *Leg*

Al tropezar, cayó sobre el pavimento y se rompió la **pierna.**
After tripping, he fell on the pavement and broke his **leg.**

1561- Quienes – *Whom*

Los ministros, **quienes** estaban siendo investigados, huyeron del país.
The ministers, **whom** were being investigated, fled the country.

1562- Rayo – *Ray/Lightning bolt*

El primer **rayo** de sol iluminó el cielo oscuro.
The first **ray** of sunlight illuminated the dark sky.

1563- Millón – *Million*

Los ricos dicen que no hay nada como el primer **millón.**
Rich people say there's nothing like the first **million.**

1564- Enorme – *Huge*

El cocodrilo era **enorme,** todos estaban atemorizados.
The crocodile was **huge,** they were all terrified.

1565- Carlos – *Charles*

Carlos trajo a sus amigas más lindas a la fiesta.
Charles brought his most beautiful friends to the party.

1566- Inocente – *Innocent*

En esta vida, nadie puede llamarse **inocente**.
In this life, nobody can call themselves **innocent**.

1567- Mismos – *Same (Plural)*

Los **mismos** chistes todos los años, ¡cambia el cassette papá!
The **same** jokes every year, find new material, dad!

1568- Pantalones – *Pants/Trousers*

Me pondré los **pantalones** para que salgamos.
I'll put my **trousers** on so we can go out.

1569- Ministro – *Minister (Masculine)*

El **ministro** de la iglesia era un ladrón, como esperábamos.
The **minister** of the church was a thief, as we expected.

1570- Bienvenida – *Welcome (Feminine)*

¡Estás **bienvenida** a nuestro humilde hogar, abuela!
You're **welcome** to our humble home, grandmother!

1571- U – *Or*

Uno **u** otro deberá pagar los daños causados.
One **or** the other must pay the damages caused.

1572- Refiero – *I mean*

Me **refiero** a que podemos resolver esto los dos, juntos.
I mean we can both solve this, together.

1573- Nombres – *Names*

Aquí tengo los **nombres** de los estudiantes más destacados.
Here I have the **names** of the most distinguished students.

1574- Mando – *Command/I send*

Soy el que tiene la autoridad según la cadena de **mando.**
I'm the one with authority according to chain of **command.**

1575- Ponte – *Put yourself*

Ponte en peligro otra vez y esta vez no te salvaré.
Put yourself in danger once more and I won't save you.

1576- Preciosa – *Precious/Beautiful (Feminine)*

Me quieren vender una piedra **preciosa,** pero parece falsa.
They want to sell me a **precious** stone, but it seems fake.

1577- Araña – *Spider*

Hay una **araña** gigante en el baño; tengo miedo.
There's a huge **spider** in the bathroom: I'm afraid.

1578- Quedó – *Remains*

Sólo **quedó** suficiente para que uno de ustedes coma.
There only **remains** enough for one of you to eat.

1579- Podrás – *You will*

En un futuro **podrás** visitarme aquí en este país.
In the future **you will** be able to visit me here in this country.

1580- Pesar – *Weigh*

Por favor, ¿puedes **pesar** estas verduras para mí?
Please, can you **weigh** these vegetables for me?

1581- Animal – *Animal*

Vi algo grande moverse en los arbustos, creo que es un **animal**.
I saw something big moving in the bushes, I think it's an **animal**.

1582- Enferma – *Sick (Feminine)*

Estoy bastante **enferma,** me tiene preocupada.
I'm very **sick,** it's worrying me.

1583- Extraña – *Strange (Feminine)*

Cada cierto tiempo, ella se comporta de forma **extraña**.
Every so often, she behaves in a **strange** way.

1584- Enamorado – *In love (Masculine)*

Creo que empiezo a sentirme **enamorado** de ella.
I think I'm starting to feel **in love** with her.

1585- TV – *TV*

Te vi en la **TV** el otro día; estabas radiante.
I saw you on **TV** the other day; you were radiant.

1586- Autobús – *Bus*

Al perder el **autobus,** en seguida supe que llegaría tarde.
After missing the **bus,** I knew straight away I'd be late.

1587- Recordar – *Remember*

¿Cómo no voy a **recordar** esos momentos felices?
How wouldn't I **remember** those happy moments?

1588- Estáis – *You are (Formal, Plural)*

A mi parecer, vosotros **estáis** bendecidos por el señor.
In my opinion, **you are** blessed by the lord.

1589- Pequeños – *Little ones (Masculine)*

Los **pequeños** de la casa celebraron su día con regalos.
The **little ones** at home celebrated their day with gifts.

1590- Luchar – *Fight/Struggle*

Voy a **luchar** para que puedas ir conmigo a ese país.
I'll **fight** for you to be able to join me in that country.

1591- Date – *Give yourself*

Date un momento para reflexionar en lo que harás.
Give yourself a moment to reflect on what you'll do.

1592- Contrario – *Contrary*

Al **contrario** de lo que crees, no tenemos tanto dinero.
On the **contrary** of what you believe, we don't have much money.

1593- Tomado – *Taken*

¡Quien haya **tomado** mi teléfono celular que lo devuelva ya!
Whoever has **taken** mi cell phone, give it back now!

1594- Sois – *You are (Formal, Plural)*

Vosotros **sois** los encargados de este negocio, ¿cierto?
You are the ones in charge of this business, right?

1595- Movimiento – *Movement*

Hay un **movimiento** llevándose a cabo para el ambiente.
There is a **movement** taking place for the environment.

1596- Estuvieron – *Were*

Los policías **estuvieron** aquí buscándote, debes esconderte.
The police **were** here looking for you, you have to hide.

1597- Sentado – *Seated*

Permanece **sentado**, te van a llamar en un rato.
Remain **seated**; you'll be called in a moment.

1598- Gana – *Wins*

El que llegue a la meta primero, se **gana** el premio.
The one who reaches the finish line first, **wins** the prize.

1599- Rodilla – *Knee*

Cuando hace frío, sufro de dolores en la **rodilla**.
When it's cold, I suffer **knee** pains.

1600- Estén – *Are*

Cuando ustedes **estén** aquí, comenzamos a discutir eso.
When you **are** here, we can begin to discuss that.

1601- Motivo – *Reason*

El **motivo** de esta visita es por lo que ya discutimos.
The **reason** for my visit is for what we discussed.

1602- Absolutamente – *Absolutely*

Fue **absolutamente** desastroso para mí este día.
This day was **absolutely** disastrous for me.

1603- Dé – *Give (Formal)*

Además de recibir, siempre **dé** algo a cambio.
As well as receiving, always **give** something back.

1604- Puente – *Bridge*

Le dicen '**puente** roto' porque nadie lo pasa.
They call him 'broken **bridge**' because nobody passes him.

1605- Comprendo – *Understand*

Ahora **comprendo** por qué mi mamá decía eso sobre ti.
Now I **understand** why my mom said that about you.

1606- Huevos – *Eggs*

Primero agregas mantequilla y **huevos,** luego la harina.
First you add butter and **eggs,** and then the flour.

1607- Tomó – *Took*

El viajero **tomó** el tren en la estación.
The traveler **took** the train at the station.

1608- Cuento – *Tale*

Ese **cuento** sobre anoche no me convence para nada.
That **tale** about last night doesn't convince me at all.

1609- Botella – *Bottle*

Quiero comprar una **botella** de ron para ahogar mis penas.
I want to buy a **bottle** of rum to drown my sorrows.

1610- Cuesta – *Costs*

¿En serio? ¿**Cuesta** tanto un año de Universidad?
Really? A year of university **costs** that much?

1611- Detente – *Stop*

Détente ya y baja el arma, estás rodeado.
Stop right now and lower your weapon, you're surrounded.

1612- Corriendo – *Running*

Estoy **corriendo** de un lugar a otro, buscándote.
I'm **running** from one place to the next, looking for you.

1613- Confianza – *Trust*

La **confianza** ya nunca se recupera cuando se pierde, créeme.
Trust is never recovered once you've lost it, believe me.

1614- Felicidad – *Happiness*

La **felicidad** puede ser encontrada hasta en lo más mínimo.
Happiness can be found even in the smallest thing.

1615- Espada – *Sword*

Voy a afilar mi **espada** para esta batalla próxima.
I'm going to sharpen my **sword** for this coming battle.

1616- Silla – *Chair*

Préstame la **silla**, me quiero sentar para descansar.
Lend me the **chair**; I want to sit down to rest.

1617- Bandera – *Flag*

Miro la **bandera** con orgullo: amo mi país.
I look at the **flag** with pride: I love my country.

1618- Noticia – *News*

No es **noticia** la aventura que está ocurriendo acá.
The affair taking place here isn't **news**.

1619- Casas – *Houses*

Estoy buscando **casas** a la venta en el periódico.
I'm looking at the **houses** for sale in the newspaper.

1620- Televisión – *Television*

Hay personas que harán cualquier cosa por salir en **televisión**.
Some people will do anything to appear on **television**.

1621- Acuerdas – *Remember*

Si no te **acuerdas** de lo que realmente importa, pierdes todo.
If you don't **remember** what really matters, you lose everything.

1622- Necesitaba – *Needed*

Él **necesitaba** algo nuevo en su vida, algo fresco.
He **needed** something new in his life, something fresh.

1623- Pared – *Wall*

Pintamos la **pared** con lo último que había de pintura.
We painted the **wall** with the last bit of **paint** we had.

1624- Aquellos – *Those (Masculine)*

Aquellos tiempos eran distintos y todo era más barato.
Those days were different and everything was much cheaper.

1625- Prensa – *Press*

Tengo un contrato que me prohibe hablar con la **prensa**.
I have a contract which forbids me from talking to the **press**.

1626- Trampa – *Trap*

Cuidado caes en la **trampa** que ella ha puesto.
Be careful if you fall in the **trap** she's placed.

1627- Presente – *Present*

Saca tu mente del pasado; ¡regresa al **presente** ya!
Take your mind out of the past; return to the **present** now!

1628- Estarán – *Will be*

Creo que **estarán** en buenas manos para hoy.
I think they **will be** in good hands for today.

1629- Jardín – *Garden*

El **jardín** que hemos cuidado tanto es nuestro orgullo.
The **garden** we've cared for so much is our pride.

1630- Cabello – *Hair*

Creo que ya es hora de cortarme el **cabello**.
I think it's time to cut my **hair**.

1631- Espectáculo – *Show*

El evento fue muy divertido, y culminó con un **espectáculo**.
The event was very entertaining, and concluded with a **show**.

1632- Podré – *I'll be able*

Si sigo estudiando, creo que **podré** graduarme.
If I continue studying, I think **I'll be able** to graduate.

1633- Grave – *Serious*

Es una acusación **grave** la que estás haciendo, ¿estás segura?
You're making a serious **accusation**, are you sure?

1634- Bastardo – *Bastard (Masculine)*

Para hacer semejante cosa debes ser un **bastardo**.
To do such a thing you have to be a **bastard**.

1635- Dará – *Will give*

El gobernador le **dará** luz verde al proyecto de hogares.
The governor **will give** a green light to the housing project.

1636- Siga – *Follow/Continue*

Siga adelante y eventualmente alcanzará su destino.
Continue onward and eventually you'll reach your destination.

1637- Periódico – *Newspaper*

El **periódico** tiene noticias preocupantes el día de hoy.
The **newspaper** has worrying news today.

1638- Mierda – *Shit*

¡**Mierda**! ¿No ves que estoy sumamente ocupado ahora?
Shit! Can't you see I'm really busy right now?

1639- Terapia – *Therapy*

La mejor **terapia** para un corazón roto es la risa.
The best **therapy** for a broken heart is laughter.

1640- Negros – *Black (Plural, Masculine)*

Los bolígrafos **negros** llegaron a la tienda ayer.
The **black** pens arrived to the store yesterday.

1641- Alguno – *Any (Masculine)*

No ha habido descanso **alguno** desde que comenzamos a laborar.
There hasn't been **any** rest since we started working.

1642- Anillo – *Ring*

Aún después de tantos años, sigo usando mi **anillo**.
Even after so many years, I still use my **ring.**

1643- Monstruo – *Monster*

Te has convertido en un verdadero **monstruo** ahora.
You've become a real **monster** now.

1644- Total – *Total*

Pasamos la noche calculando el **total** de ventas.
We spent the night calculating the **total** sales.

1645- IA – *AI*

La **IA** de la máquina parece estar fallando ahora.
The **AI** of the machine seems to be failing now.

1646- Taza – *Cup*

La **taza** que estaba llena de café caliente cayó sobre mi pierna.
The **cup** that was full of hot coffee fell on my leg.

1647- Piedra – *Stone*

Una **piedra** atravesó mi ventana y cayó en la alfombra.
A **stone** smashed through my window and fell on the carpet.

1648- Contento – *Happy*

El jefe puede que no esté muy **contento** con esto.
The boss may not be too **happy** with this.

1649- Quedarte – *Stay*

Si puedes **quedarte** esta noche me sentiría mejor.
If you could **stay** tonight I'd feel better.

1650- Tengan – *Have (Plural)*

Es importante que **tengan** precauciones al trabajar.
It's important that you **have** precautions while working.

1651- Oigan – *Hear (Plural)*

Quiero que **oigan** esta grabación para que entiendan.
I want you to **hear** this recording so that you can understand.

1652- Sentí – *Felt*

Cuando lo noté, me **sentí** como un tonto engañado.
When I noticed it, I **felt** like a cheated fool.

1653- Debí – *I should*

Creo que **debí** haber invertido en un seguro automotriz.
I think **I should** have invested in a car insurance.

1654- Ahí – *There (Slang)*

Vete por **ahí**, idiota, no te queremos por esta zona.
Go walk around **there**, fool, we don't want you around here.

1655- Policías – *Police (Plural)*

Los **policías** llegaron a la estación después de una redada.
The **police** arrived at the station after a raid.

1656- Lugares – *Places*

Uno siempre querrá regresar a los **lugares** donde era feliz.
One will always return to those **places** where we were happy.

1657- Contrato – *Contract*

Tengo un **contrato** que me prohibe decirte eso, lo siento.
I have a **contract** binding me from telling you that, sorry.

1658- Playa – *Beach*

En la **playa** nos montamos en una lancha y pescamos.
On the **beach** we got onto a boat and fished.

1659- Costa – *Coast*

Quiero mudarme a la **costa**, aquí ya no hay empleo.
I want to move to the **coast**, there's no work here anymore.

1660- Puertas – *Doors*

Detrás de esas **puertas** lo esperaba algo terrible.
Behind those **doors** something terrible expected him.

1661- Asiento – *Seat*

Voy a cederle mi **asiento** a esa señora mayor.
I'm going to give my **seat** to that elderly lady.

1662- Tarjeta – *Card*

Iré al banco a buscar una **tarjeta** de crédito.
I'll go to the bank to pick up a credit **card.**

1663- Restaurante – *Restaurant*

Mis padres abrieron un **restaurante** aquí hace años.
My parents opened a **restaurant** here years ago.

1664- Quede – *Remain*

¡Vamos! ¡Que no **quede** nada valioso en la casa!
Let's go! Let nothing valuable **remain** in the house!

1665- Paseo – *Walk*

Dimos un **paseo** por el parque junto a nuestro perro.
We went for a **walk** around the park with our dog.

1666- Hechos – *Facts*

Yo ahora solo creo en **hechos,** no suposiciones.
I now only believe in **facts,** not assumptions.

1667- Hagamos – *Let's do*

Hagamos algo interesante este fin de semana, ¿quieres?
Let's do something interesting this weekend, what do you say?

1668- Maravillosa – *Wonderful (Feminine)*

¡Esa **maravillosa** idea nos costó una fortuna, imbécil!
That **wonderful** idea cost us a fortune, you imbecile!

1669- Pon – *Put*

Pon esta caja allá en la esquina, por favor.
Put this box there in the corner, please.

1670- Inspector – *Inspector (Masculine)*

El **inspector** dijo que está siguiendo de cerca el caso.
The **inspector** said he's following the case up close.

1671- Domingo – *Sunday*

Olvídalo, esa oficina no trabaja el día **Domingo**.
Forget it, that office doesn't work on **Sunday**.

1672- Especialmente – *Especially*

Los quiero a todos y los extrañaré, **especialmente** a ti.
I love you all and I'll miss you, **especially** you.

1673- Velocidad – *Speed*

Mi **velocidad** de tecleo es el mejor del salón.
My typing **speed** is the fastest in the class.

1674- Negra – *Black (Feminine)*

Esa camisa **negra** me gusta, ¿puedes pasármela?
I like that **black** shirt, can you hand it over?

1675- Adinerado – *Wealthy (Masculine)*

El es un hombre **adinerado;** ha trabajado duro estos años.
He's a **wealthy** man; he's worked hard these years.

1676- Intentar – *Try*

Voy a **intentar** de nuevo, pero no prometo nada.
I'm going to **try** again, but I can't promise anything.

1677- Proyecto – *Project*

Hay un **proyecto** para mejorar el rendimiento de gas.
There's a **project** to improve the efficiency of gas.

1678- Clientes – *Customers*

Los **clientes** están agradecidos por las rebajas.
The **customers** are grateful for the discounts.

1679- Victoria – *Victory*

Sólo conseguiremos la **victoria** con mucho trabajo.
We'll only achieve **victory** through hard work.

1680- Encantaría – *Love*

Me **encantaría** si fueras conmigo a tomar café.
I'd **love** if you went with me for a coffee.

1681- Operación – *Operation*

La **operación** militar fue un éxito: los enemigos se rindieron.
The military **operation** was a success: the enemies surrendered.

1682- Perdió – *Lost*

El chiquillo **perdió** a sus padres y anda llorando.
The little boy **lost** his parents and is crying.

1683- Tonta – *Fool (Feminine)*

Eres una **tonta**, ¿cómo pudiste caer en sus mentiras?
You're a **fool**, how could you fall for his lies?

1684- Imagen – *Image*

Adjunta una **imagen** de lo que te pedí al correo.
Attach an **image** of what I requested on the mail.

1685- Show – *Show (Anglicized term)*

Por favor, no armes un **show** acá por eso.
Please, don't make a **show** here over that.

1686- Lleve – *Carry/Take (Formal)*

Lleve a esta persona al hospital, ¡es urgente!
Take this person to the hospital, it's urgent!

1687- Amas – *Love*

Si no **amas** lo que haces, lo mejor es dejarlo.
If you don't **love** what you do, then just leave it.

1688- Responsable – *Responsible*

Quiero alguien **responsable** que trabaje en su compañía.
I want someone **responsible** to work at his company.

1689- Gustaba – *Liked*

Antes me **gustaba** ella, pero todo ha cambiado.
I **liked** her before, but everything has changed.

1690- Aspecto – *Appearance*

Su **aspecto** es como de una persona descuidada.
His **appearance** is that of a disheveled person.

1691- Tantos – *Many*

He pasado **tantos** buenos momentos contigo, me encanta.
I've spent so **many** good moments with you, I love it.

1692- Sentimientos – *Feelings*

Los **sentimientos** que uno tiene por alguien no se borran.
The **feelings** one has for someone don't go away.

1693- Creerlo – *Believe it*

No puedo **creerlo,** ¡¿estabas engañándome con otra?!
I can't **believe it,** you were cheating on me?!

1694- Objetivo – *Objective*

El **objetivo** es lograr producir el triple de lo actual.
The **objective** is to produce three times the current amount.

1695- Sílabas – *Syllables*

Esas palabras largas tienen más de tres **sílabas.**
Those long words have more than three **syllables.**

1696- Llevan – *Carry/Take (Plural)*

Ellos son los que **llevan** a nuestra hija al médico.
Those are the ones that **take** our daughter to the doctor.

1697- Malas – *Bad (Plural)*

No quiero que me des **malas** noticias.
I don't want you to give me **bad** news.

1698- Red – *Net/Network*

Tenemos problemas internos de **red** en la oficina.
We have internal **network** problems at the office.

1699- Dejen – *Leave (Plural)*

Dejen quieto a su hermanito, está durmiendo.
Leave your little brother alone, he's sleeping.

1700- Nuevas – *New (Plural, Feminine)*

Las **nuevas** prendas de ropa llegan en enero.
The **new** articles of clothing arrive in January.

1701- Muchacha – *Girl*

La **muchacha** nueva que empleamos es muy buena vendedora.
The new **girl** we employed is a very good seller.

1702- Dormido – *Asleep (Masculine)*

Estaba **dormido,** ¿qué quieres a esta hora?
I was **asleep,** what do you want at this hour?

1703- Colina – *Hill*

Escalamos la **colina** para admirar la vista en la cima.
We climbed the **hill** to admire the view at the top.

1704- Historias – *Stories*

Papi, quiero que me cuentes una de tus **historias.**
Daddy, I want you to tell me one of your **stories.**

1705- Arreglar – *Fix*

Creo que aún podemos **arreglar** nuestra relación.
I think we can still **fix** our relationship.

1706- Turno – *Turn*

Ahora es mi **turno** para decir lo que pienso de ti.
Now it's my **turn** to tell you what I think about you.

1707- Yendo – *Going*

Había otros grupos **yendo** en otra dirección.
There were other groups **going** in another direction.

1708- Tuviste – *You had*

Me dice mi madre que **tuviste** una pesadilla anoche.
My mother is telling me **you had** a nightmare last night.

1709- Ponga – *Put*

No **ponga** el teléfono ahí, se puede caer.
Don't **put the** telephone there, it can fall.

1710- Olvides – *Forget*

No **olvides** asistir a la reunión escolar más tarde.
Don't **forget** to go to the school meeting later on.

1711- Escuché – *I heard*

Escuché que él se había retirado del futbol.
I heard that he had retired from football.

1712- Pasada – *Last/Past (Feminine)*

La semana **pasada**, recolectamos más dinero que nunca.
Last week, we gathered more money than ever.

1713- Mata – *Bush/Tree*

Voy a cortar la **mata** de plátanos en la entrada.
I'm going to cut the banana **tree** at the entrance.

1714- Tantas – *Many (Feminine)*

Te lo dije **tantas** veces y nunca tomaste en cuenta mis palabras.
I told you **many** times and you never heeded my words.

1715- Montaña – *Mountain*

La **montaña** que rodea la ciudad es impresionante.
The **mountain** that surrounds the city is amazing.

1716- Gracia – *Grace*

Ella tiene tanta **gracia**, es una mujer hermosa.
She has so much **grace**, she's a beautiful woman.

1717- Enfermedad – *Disease*

Mi padre tiene una **enfermedad** degenerativa, lamentablemente.
My father has a degenerative **disease,** unfortunately.

1718- Dedos – *Fingers*

Me duelen los **dedos** de tanto tocar guitarra.
My **fingers** hurt from having played guitar so much.

1719- Guapa – *Beautiful (Feminine)*

Esa mujer está muy **guapa,** me gustaría conocerla.
That woman is very **beautiful;** I'd love to meet her.

1720- Querer – *Want/Wanting*

Hay una diferencia muy grande entre **querer** y poder.
There is a very big difference between **wanting** and being able to.

1721- Profesional – *Professional*

No te sientas mal, él juega en la liga **profesional.**
Don't feel bad, he plays in the **professional** league.

1722- Ocurrido – *Happened*

Esto nunca me había **ocurrido** antes, te lo juro.
This has never **happened** to me before, I swear.

1723- Pocos – *Few (Masculine)*

Pocos equipos han dominado la liga como ellos.
Few teams have dominated the league like them.

1724- Deber – *Duty*

Es tu **deber** cuidar de tus hijos y alimentarlos.
It's your **duty** to take care of your kids and feed them.-

1725- Refieres – *You mean*

¿Te **refieres** a cuando cometiste ese gran error?
Do **you mean** when you made that big mistake?

1726- Viernes – *Friday*

Vamos a ir todos a la discoteca este **viernes**.
Let's all go to the disco this **Friday**.

1727- Preocupado – *Worried (Masculine)*

Estoy **preocupado** porque la situación económica empeora.
I'm **worried** because the economical situation is worsening.

1728- Clases – *Lessons*

Estoy tomando **clases** de italiano para ir a Roma.
I'm taking Italian **lessons** to visit Rome.

1729- Rayos – *Lightning Bolts/Rays*

Durante la tormenta, el cielo se llenó de **rayos**.
During the storm, the sky was filled with **lightning bolts**.

1730- Inútil – *Useless*

No hay nada tan **inútil** como una persona floja.
There's nothing more **useless** than a lazy person.

1731- Cañón – *Cannon/Canyon*

Este año vamos a visitar el Gran **Cañón**, finalmente.
This year we're finally visiting the Gran **Canyon**.

1732- Abierto – *Open*

¡Apúrate! ¡Hay que llegar al restaurante mientras está **abierto**!
Hurry! We've got to get to the restaurant while it's **open**!

1733- Haberte – *Have/Having*

Después de **haberte** hablado así, me sentí muy mal.
After **having** talked to you like that, I felt terrible.

1734- Oscuridad – *Darkness*

No le temas a lo que se esconde en la **oscuridad**.
Don't fear that which hides in the **darkness**.

1735- Verdadera – *Real/True (Feminine)*

Aunque ella trató de ocultarla, descubrieron su **verdadera** identidad.
Though she tried to hide it, they discovered her **true** identity.

1736- Americano – *American (Masculine)*

Después de lograr conseguir la estadía, ya era **americano**.
After managing to get the permission, he was now **American.**

1737- Trajo – *Brought*

La corriente **trajo** mucha basura a nuestra calle.
The stream **brought** a lot of trash to our street.

1738- Gustó – *Liked*

A él le **gustó** la forma en la que yo trabajo.
He **liked** the way in which I work.

1739- Primo – *Male Cousin*

Mi **primo** que está en Estados Unidos viene pronto.
My **cousin** who's in United States is coming soon.

1740- Nacional – *National*

Queremos hacer una protesta **nacional** por nuestros derechos.
We want to make a **national** protest for our rights.

1741- Supe – *I knew*

Desde que lo vi, **supe** que algo estaba mal.
Since I saw him, **I knew** something was wrong.

1742- Colegio – *School*

El **colegio** no te enseña algunas cosas muy importantes.
School doesn't teach you some very important things.

1743- Malditos – *Damn/Bastards (Plural, Masculine)*

Unos **malditos** entraron a robar a mi casa y se llevaron todo.
Some **bastards** broke into my house and took everything.

1744- Cuchillo – *Knife*

Ten cuidado con ese tipo, carga un **cuchillo**.
Be careful with that guy, he's got a **knife**.

1745- Ibas – *You were going*

Ibas a decirme algo antes de que te interrumpieran.
You were going to tell me something before they interrupted.

1746- Llegué – *I came*

Llegué apenas me dijeron que me necesitaban.
I came as soon as they said they needed me.

1747- Sir – *Sir*

El hombre fue nombrado **sir** por sus obras filantrópicas.
The man was named **Sir** for his philanthropic works.

1748- Diario – *Daily*

Este problema nos afecta a **diario,** me tiene harto.
This problem affects us **daily,** it's driving me crazy.

1749- Francés – *French*

El explorador **francés** llegó con fortuna a las nuevas tierras.
The **French** explorer arrived with fortune to new lands.

1750- Quedo – *I remain*

Sólo **quedo** yo y dos otros contrincantes en la pelea.
Only **I remain** in the battle with two other opponents.

1751- Podremos – *We can/We will*

Si la ley es aprobada, **podremos** formar parte del grupo.
If the law is approved, **we will** become part of the group.

1752- Orgulloso – *Proud (Masculine)*

Siempre he estado **orgulloso** de ti, mi amor.
I've always been **proud** of you, my love.

1753- Ladrón – *Thief (Masculine)*

Se metió un **ladrón,** pero le dimos una paliza.
A **thief** broke in, but we gave him a beating.

1754- Martillo – *Hammer*

Préstame el **martillo,** necesito clavar esto.
Lend me the **hammer,** I need to nail this.

1755- Preguntar – *Ask*

Voy a **preguntar** si aceptan tarjeta de débito.
I'm going to **ask** if they accept debit cards.

1756- Pedí – *I requested*

Pedí hablar con el gerente, ¿puede buscarlo ya?
I requested to talk to the manager, can you get him now?

1757- Central – *Central*

La zona **central** de la ciudad es la más poblada.
The **central** zone of the city is the most populous.

1758- Voluntad – *Will*

Su **voluntad** era que nosotros cumpliéramos su legado.
Her **will** was that we fulfill her legacy.

1759- Harán – *They will do*

Ellos no **harán** nada para este Año Nuevo, tristemente.
Sadly, **they will** not **do** anything for New Year's.

1760- Jaque – *Checkmate (Slang)*

Esta situación política y económica nos tiene en **jaque**.
This political and economical situation has us in a **checkmate**.

1761- Emparedado – *Sandwich*

Para la cena, quiero que me prepares un **emparedado**.
For dinner, I want you to prepare me a **sandwich**.

1762- Militar – *Military*

El operativo **militar** intervino en la misión de inteligencia.
The **military** operative intervened in the intelligence mission.

1763- Agradezco – *I appreciate*

Agradezco si pueden asistir todos a la reunión mañana.
I appreciate if you can all show up for the meeting tomorrow.

1764- Llevaba – *Wore/Took*

Ella **llevaba** un vestido tan corto que todos la miraban.
She **wore** a dress so short that everyone was staring.

1765- Mami – *Mommy*

Mi **mami** me empacó un almuerzo en mi lonchera.
My **mommy** packed my lunch in my lunch box.

1766- Lluvia – *Rain*

La **lluvia** no quiere parar, creo que no podremos salir.
The **rain** won't cease, I think we won't be able to go out.

1767- Éramos – *We were*

Éramos muchos los que queríamos un cambio en este país.
We were many that wanted a change in this country.

1768- Natural – *Natural*

Me gusta una persona con un cuerpo totalmente **natural**.
I like a person with a completely **natural** body.

1769- Calles – *Streets*

Las **calles** a esta hora se quedan solas y peligrosas.
The **streets** at this hour become lonely and dangerous.

1770- Cien – *A hundred*

Había **cien** razones para ir, pero una para quedarme.
There were **a hundred** reasons to go, but one to stay.

1771- Lengua – *Language/Tongue*

El inglés no era su **lengua** materna, pero se esforzaba.
English wasn't her mother **tongue,** but she tried hard.

1772- China – *China/Chinese (Feminine)*

La empresa **china** abrió una sucursal en Suramérica.
The **Chinese** company opened a branch in South America.

1773- Testigo – *Witness*

El **testigo** del crimen debía aparecer en la corte.
The **witness** to the crime had to appear in court.

1774- Ayude – *Help*

¡No hay nadie que **ayude** a mamá en esta casa!
There's nobody willing to **help** Mom in this house!

1775- Quiso – *Wanted*

Sólo lo compró porque su hermano lo **quiso**.
He only bought it because his brother **wanted** it.

1776- Cansada – *Tired (Feminine)*

Ella estaba **cansada** de sus padres; quería irse a otra parte.
She was **tired** of her parents; she wanted to move elsewhere.

1777- Puse – *I put*

Puse mi ropa vieja en una caja y la doné.
I put my old clothing in a box and donated it.

1778- Irás – *You'll go*

Si para de nevar, **irás** a la escuela hoy.
If it stops snowing, **you'll go** to school today.

1779- Alemanes – *Germans (Masculine)*

Los ingenieros **alemanes** emigraron para expandir su influencia mundial.
The **German** engineers emigrated to expand their worldwide influence.

1780- Pago – *Payment*

Cuando haya recibido el **pago,** enviaré tu artículo.

When I've received **payment,** I'll send your article.

1781- Mirada – *Look*

Él tenía una **mirada** de derrota y desesperanza.
He had a **look** of defeat and hopelessness.

1782- Momentos – *Moments*

Estos **momentos** son los que recordaremos por muchos años.
These **moments** are the ones we'll cherish for many years.

1783- Quieto – *Still*

Me quedé muy **quieto,** esperando que pasara el peligro.
I became very **still,** waiting for the danger to pass.

1784- Sentía – *Felt*

Ella **sentía** que su esposo le ocultaba algo grande.
She **felt** that her husband was hiding something big from her.

1785- Escuchen – *Listen*

Escuchen todos, quiero anunciarles algo muy importante.
Listen up everyone; I want to announce something very important.

1786- Descansar – *Rest*

Voy a ir a **descansar** para seguir trabajando esta noche.
I'm going to **rest** so I can continue working tonight.

1787- Mercado – *Market*

Podemos ir al **mercado** mañana a comprar carne y pollo.
We can go to the **market** tomorrow to buy meat and chicken.

1788- Dura – *Hard (Feminine)*

La carne quedó muy **dura;** arruinaste el almuerzo.
The meat is too **hard;** you ruined our lunch.

1789- Humana – *Human (Feminine)*

La raza **humana** aún no ha aprendido de sus errores.
The **human** race has still not learned from its mistakes.

1790- Estúpida – *Stupid/Idiot (Feminine)*

Por violar la ley, te agarraron como una **estúpida.**
They caught you like an **idiot** for breaking the law.

1791- Humor – *Humor*

Creo que no tienes sentido del **humor** para esto.
I don't think you have a sense of **humor** for this.

1792- Bienvenidos – *Welcome*

Bienvenidos todos a la fiesta, pásenla bien.
Everybody **welcome** to this party, have fun.

1793- Conocía – *Knew*

Por suerte, ella **conocía** a alguien que podía ayudarla.
Luckily, she **knew** somebody that could help her.

1794- Jaula – *Cage*

En esa casa, se sentía como dentro de una **jaula.**
In that house, he felt as if he was in a **cage.**

1795- Entero – *Whole*

Me comí el chocolate **entero** para no compartirlo.
I ate the chocolate **whole** to avoid sharing it.

1796- Roja – *Red (Feminine)*

Ve y busca la casa de la pared **roja**.
Go and search for the house with the **red** wall.

1797- Vehículo – *Vehicle*

Montó su **vehículo** y arrancó de allí para siempre.
He got onto his **vehicle** and left that place forever.

1798- Llamaba – *Called*

Ella **llamaba** una y otra vez, pero nadie la escuchaba.
She **called** again and again, but nobody heard her.

1799- Tomas – *Shots*

Hicieron varias **tomas** de la escena hasta estar contentos.
They took several **shots** of the scene until they were content.

1800- Dueño – *Owner (Masculine)*

El **dueño** de esa discoteca es un hombre muy adinerado.
The **owner** of that disco is a very wealthy man.

1801- Echar – *Throw*

Si no pagas el alquiler, creo que te van a **echar**.
If you don't pay your rent, I think they'll **throw** you out.

1802- Emergencia – *Emergency*

El estado de **emergencia** comenzó y todos estaban atemorizados.
The state of **emergency** began, and all were fearful.

1803- Roto – *Broken (Masculine)*

Quedó **roto** el lazo que los unía el uno al otro.
The bond that united one with the other was **broken**.

1804- Actuar – *Act*

A veces hay que dejar de hablar, y simplemente **actuar.**
Sometimes we have to stop talking, and simply **act.**

1805- Marcar – *Mark*

¿Puedes **marcar** en el mapa los lugares que visitaremos?
Can you **mark** on this map the places that we'll visit?

1806- Inmediato – *Immediately*

¡Quiero que vengas a la casa de **inmediato!**
I want you to come home **immediately!**

1807- Puntos – *Points*

Tus argumentos exponen buenos **puntos**, pero no estoy de acuerdo.
Your arguments expose good **points,** but I don't agree.

1808- Paciente – *Patient*

Para conseguir las mejores cosas, hay que ser **paciente.**
To accomplish the best things, you have to be **patient.**

1809- Olvidé – *I forgot*

Creo que me **olvidé** de tomar mis medicamentos hoy.
I think **I forgot** to take my medication today.

1810- Hables – *You speak*

Antes de que **hables,** piensa si dirás algo prudente.
Before **you speak,** think if you're about to say something wise.

1811- Varios – *Various/Several (Masculine)*

Hay **varios** tipos de mecanismos para esta unidad.
There are **various** types of mechanisms for this unit.

1812- Polvo – *Dust*

Quítale el **polvo** a tu cuaderno y empieza a leer de nuevo
Remove the **dust** from your notebook and start reading again.

1813- Ángeles – *Angels*

En ese momento, las chicas parecían **ángeles** hermosos.
In that moment, the girls seemed like beautiful **angels.**

1814- Coger – *Take/Grab*

¿Puedes **coger** el control? Lo dejé en la mesa allá.
Can you **grab** the control? I left it on the table there.

1815- Distancia – *Distance*

¡Viene un tiro de larga **distancia,** intercéptenlo ya!
A long **distance** shot is coming, intercept it now!

1816- Bravo – *Angry (Masculine)*

¡Cuidado! ¡Hay un perro **bravo** en esa casa!
Watch out! There's an **angry** dog in that house!

1817- Europa – *Europe*

El tour por **Europa** nos permitió ver los monumentos.
The tour around **Europe** allowed us to see the monuments.

1818- Mataron – *Killed*

Los delincuentes **mataron** al hombre después de robarlo.
The criminals **killed** the man after robbing him.

1819- Tomando – *Drinking*

Estaba **tomando** un trago de tequila cuando la vi llegar.
I was **drinking** a shot of tequila when I saw her arrive.

1820- Verle – *See*

No pude **verle** la placa a ese carro sospechoso.
I couldn't **see** the plate of that suspicious car.

1821- Señoría – *Lordship*

Su **Señoría,** tengo que aclarar unas cosas primero.
Your **Lordship,** I must clear some things up first.

1822- Casarse – *Get married*

La pareja estaba insegura; ¿era buena idea **casarse**?
The couple was unsure; was it a good idea to **get married**?

1823- Toque – *Touch*

Toda locura debe venir con un **toque** de genialidad.
All insanity must come with a **touch** of genius.

1824- Toques – *Touches*

Controló el balón en dos **toques** y disparó al arco.
He controlled the ball in two **touches** and shot on goal.

1825- Ángel – *Angel*

Él murió, pero ahora es un **ángel** en el cielo.
He died, but now he's an **angel** in heaven.

1826- Amante – *Lover*

El hombre casado tenía una **amante** en otra ciudad.
The married man had a **lover** in a different city.

1827- Habló – *Spoke*

Ella les **habló** con decisión, exponiendo sus necesidades.
She **spoke** to them decisively, expressing her needs.

1828- Saca – *Take out*

Esta noche por favor **saca** la basura, hijo.
Tonight please **take out** the trash, son.

1829- Digamos – *Let's say*

Digamos que no me fue tan bien como esperaba.
Let's say things didn't go as well as I'd expected.

1830- Perfecta – *Perfect (Feminine)*

A veces ella me parece la mujer **perfecta**.
Sometimes she seems like the **perfect** woman.

1831- Rosa – *Pink/Rose*

Le voy a regalar una **rosa** en nuestro aniversario.
I'm going to gift her a **rose** on our anniversary.

1832- Llámame – *Give me a call*

Si necesitas algo allá, sólo **llámame**.
If you need something over there, just **give me a call**.

1833- Nosotras – *Us (Feminine)*

No hay mejores amigas en este mundo que **nosotras**.
There's no better friends in this world than **us**.

1834- Peso – *Weight*

La mentira siempre se cae bajo su propio **peso**.
A lie always collapses under its own **weight**.

1835- Carga – *Load*

Quiero aliviarme esta **carga,** necesito una ayuda.
I want to relieve myself of this **load,** I need help.

1836- Acto – *Act*

Todo lo que ella me dijo este tiempo era un **acto**.
Everything she told me all this time was an **act**.

1837- Robar – *Steal*

Voy a tratar de **robar** algo de comida para ustedes.
I'm going to try to **steal** some food for you.

1838- Dejaste – *You left*

Me **dejaste** sola y sin dinero, tenía que hacer algo.
You left me alone and without money, I had to do something.

1839- Desastre – *Disaster*

El **desastre** que ellos dejaron aún se puede arreglar.
The **disaster** they left behind can still be fixed.

1840- Bote – *Boat*

¡Se está hundiendo el **bote,** tapen los huecos!
The **boat** is sinking, cover the holes!

1841- Huele – *Smells*

Este pastel **huele** divino, ¿con qué lo hiciste?
This cake **smells** wonderful, what did you make it with?

1842- Embarazada – *Pregnant*

Mi novia está **embarazada;** no sabemos qué hacer.
My girlfriend is **pregnant;** we don't know what to do.

1843- Muestra – *Sample*

Aquí tengo la **muestra** de laboratorio que pediste.
Here I have the laboratory **sample** you requested.

1844- Gordo – *Fat (Masculine)*

El **gordo** de la cocina es nuestro chef.
The **fat** man in the kitchen is our chef.

1845- Puto – *Fucking/Prostitute (Masculine)*

El **puto** automovil se me ha parado en plena calle.
My **fucking** car just stopped working on the street.

1846- Alguacil – *Sheriff*

El **alguacil** detuvo a los bandidos que atracaban comerciantes.
The **sheriff** arrested the bandits that were robbing merchants.

1847- Viviendo – *Living*

Los ancianos odiaban estar **viviendo** en el refugio.
The old people hated **living** in the asylum.

1848- Apple – *Manzana*

Comer una **manzana** diaria ayuda a prevenir enfermedades.
Eating an **apple** a day helps preventing diseases.

1849- Cerrar – *Close*

Voy a tratar de **cerrar** el trato antes de mañana.
I'm going to try to **close** the deal before tomorrow.

1850- Papeles – *Papers*

Quiero solicitar mis **papeles** para irme del país.
I want to request my **papers** so I can leave the country.

1851- Valiente – *Brave*

No soy tan **valiente** como parezco, para serte honesto.
I'm not as **brave** as I look, to be honest.

1852- Gloria – *Glory*

Quiero que alcancemos la **gloria** de ganar.
I want us to reach the **glory** of winning.

1853- Aceptar – *Accept*

Voy a tener que **aceptar** que las cosas ya cambiaron.
I'm going to have to **accept** that things have changed.

1854- Perdóname – *Forgive me*

Por favor **perdóname,** fue un error que comete cualquiera.
Please **forgive me;** it was a mistake anyone can make.

1855- Perfectamente – *Perfectly*

Las cosas se fueron dando **perfectamente** entre nosotros.
Things between us took place **perfectly.**

1856- Oscuro – *Dark*

Todo estaba **oscuro,** pero escuchaba un ruido extraño.
Everything was **dark,** but I heard a strange noise.

1857- Cuidar – *Take care of*

Cuando me vaya, debes **cuidar** de tu hermana.
When I go, you must **take care of** your sister.

1858- Dedo – *Finger*

Me disloqué el **dedo** jugando baloncesto, fue doloroso.
I dislocated my **finger** playing basketball, it was painful.

1859- Ruego – *I beg*

Ruego su perdón por cualquier cosa mala que hice.
I beg your forgiveness for anything bad that I did.

1860- Pareció – *It seemed*

Pareció que estaba molesta, pero no estoy seguro.
It seemed she was angry, but I'm not sure.

1861- Tumba – *Tomb*

La **tumba** del héroe está bajo su estatua en la plaza.
The hero's **tomb** is under his statue on the plaza.

1862- Coge – *Picks/Fucks*

Ella **coge** las verduras más frescas en el mercado.
She **picks** the freshest vegetables at the market.

1863- Resulta – *Turns out*

Pues **resulta** que al final ellos eran hermanos.
Well at the end it **turns out** they were siblings.

1864- Dejarlo – *Leave him/Leave it*

Una vez que empiezas, no es fácil **dejarlo.**
Once you start, it isn't easy to **leave it.**

1865- Comenzar – *Begin*

Cuando quieras puedes **comenzar** a contarme.
When you want you can **begin** to tell me.

1866- Área – *Area*

El **área** que escogieron para el juego no era buena.
The **area** they picked for the game wasn't good.

1867- Metido – *Stuck*

El chofer quedó **metido** en el tráfico de la ciudad.
The driver got **stuck** in the city traffic.

1868- Limpio – *Clean*

El piso quedó muy **limpio** después de su trabajo.
The floor ended up very **clean** after her work.

1869- Descanso – *Break*

Voy a mi casa para la hora del **descanso**.
I'm going home during my **break** hour.

1870- Lados – *Sides*

El triángulo equilátero tiene los tres **lados** iguales.
The equilateral triangle has three equal **sides**.

1871- Posibilidad – *Possibility*

Si hay **posibilidad** de cambiar el pedido, hazlo.
If there's any **possibility** to change the order, do it.

1872- Ratón – *Mouse*

Tengo un **ratón** de mascota, es muy lindo.
I have a pet **mouse,** he's very cute.

1873- Guapo – *Handsome (Masculine)*

Mi profesor de matemática es un hombre muy **guapo**.
My math teacher is a very **handsome** man.

1874- Uso – *Use*

Hay que darle buen **uso** para evitar que se dañe.
You have to give it a good amount of **use** to prevent damages.

1875- Talento – *Talent*

Él es un **talento** natural del mundo deportivo.
He's a natural **talent** in the sporting world.

1876- Matarme – *Kill me*

Si mi madre me encuentra con esto, va a **matarme**.
If my mother finds me with this, she'll **kill me**.

1877- Continuar – *Continue*

¿Deseas **continuar** formando parte de esta organización?
Do you wish to **continue** being part of this organization?

1878- Código – *Code*

Introduce el **código** secreto para activar la función.
Input the secret **code** to activate the function.

1879- Comenzó – *Started*

Estaba tranquilo, pero mi hermano **comenzó** a molestarme.
I was calm, but my brother **started** to bother me.

1880- Duerme – *Sleeps*

Mira como **duerme** el bebé, tan plácidamente.
Look at how that baby **sleeps**, so placidly.

1881- Registro – *Registry*

Aquí en la ciudad se quemó nuestra oficina de **registro**.
Here in our city the **registry** office burned down.

1882- Definitivamente – *Definitely*

Definitivamente tenemos que mejorar las condiciones de trabajo.
We **definitely** have to improve the work conditions.

1883- Portero – *Doorman/Goalkeeper*

El **portero** no nos quiso dejar entrar al edificio.
The **doorman** didn't want to let us into the building.

1884- Directo – *Direct*

Tienes que ser más **directo** al hablar, ¿qué quieres?
You have to be more **direct** when speaking, what do you want?

1885- Vuelvas – *You return*

Cuando **vuelvas,** voy a tenerte el almuerzo listo.
When **you return,** I'll have your lunch ready.

1886- Día – *Day*

Aún espero el **día** en el que ella se disculpe.
I'm still waiting for the **day** for her to say sorry.

1887- Demonio – *Demon (Masculine)*

Él a veces parece estar poseído por un **demonio.**
Sometimes, he seems to be possessed by a **demon.**

1888- Parque – *Park*

Las madres y criadas llevaban a sus niños al **parque.**
The mothers and babysitters took their kids to the **park.**

1889- Cambia – *Changes*

Nunca **cambia** la avaricia de la raza humana.
The greed of the human race never **changes.**

1890- Olvidar – *Forget*

No voy a **olvidar** jamás cómo me hiciste sentir.
I'll **never** ever forget how you made me feel.

1891- Cinta – *Tape*

Voy a colocarle **cinta** para que se mantenga rígido.
I'm going to put **tape** on it to keep it rigid.

1892- Famoso – *Famous (Masculine)*

¿Este es el **famoso** novio del cual nos habló nuestra hija?
Is this the **famous** boyfriend our daughter talked to us about?

1893- Mataré – *I'll kill*

Mataré a cada uno de nuestros enemigos, te lo prometo.
I'll kill every single one of our enemies, I promise you.

1894- Siguen – *Follow (Plural)*

Los niños en la excursión **siguen** a su profesor.
The kids on the school trip **follow** their teacher.

1895- Saliendo – *Coming out*

Los jovenes venían **saliendo** de su clase.
The youngsters were **coming out** of their lesson.

1896- Muevas – *Move*

No te **muevas,** hay una araña posada en tu cuello.
Don't **move,** there's a spider sitting on your neck.

1897- Señoras – *Ladies*

Las **señoras** se reunieron anoche para jugar cartas.
The **ladies** met last night to play cards

1898- Disparar – *Shoot*

Si tienes el balón en esta zona, no vayas a **disparar.**
If you have the ball in this area, don't **shoot.**

1899- Baño – *Toilet*

Hoy es tu turno de limpiar el **baño,** amiga.
Today it's your turn to clean the **toilet,** my friend.

1900- Cristiano – *Christian*

Él dice que es **cristiano**, pero no se comporta como tal.
He says he's a **Christian**, but doesn't behave as such.

1901- Sólo – *Only*

Sólo nuestro grupo ha culminado el proyecto.
Only our group has finished the project.

1902- Ja – *Ha*

Jaja, me dio risa ese chiste tan malo.
Haha, that terrible joke made me laugh.

1903- Pide – *Asks*

Si tu cuerpo te **pide** algo, es mejor dárselo.
If your body **asks** for something, it's better to get it.

1904- Debió – *Must have*

Ella **debió** haberte dejado algo de comer.
She **must have** left you something to eat.

1905- Empresa – *Company*

La **empresa** que nos surte cerró sus puertas.
The **company** that supplies us closed its doors.

1906- Precioso – *Beautiful (Masculine)*

Este amanecer es algo **precioso**, tomé muchas fotos.
This sunrise is something **beautiful**, I took many pictures.

1907- Termina – *Ends*

La película **termina** en el momento más interesante.
The movie **ends** in the most interesting part.

1908- Intención – *Intention*

La **intención** es que podamos ganar más dinero.
The **intention** is that we earn more money.

1909- También – *Also*

También pienso que pudimos hacer las cosas mejor.
I **also** think we could have done things better.

1910- Recibir – *Receive*

Quiero **recibir** algo especial para mi cumpleaños.
I want to **receive** something special for my birthday.

1911- Hubieras – *You would have*

Si no hubieses gastado todo, **hubieras** tenido dinero hoy.
If you hadn't spent everything, **you would have** money today.

1912- Abrigo – *Coat*

Préstame tu **abrigo,** estoy muriendo de frío.
Lend me your **coat,** I'm freezing to death.

1913- Encuentras – *You find*

Si **encuentras** mi reloj, por favor avísame.
If **you find** my watch, please let me know.

1914- Diste – *You gave*

¡Bien! Le **diste** un golpe bien duro a ese idiota.
Good! **You gave** that idiot a nice punch.

1915- Tendrán – *You'll have*

Bueno ya les puedo decir: **tendrán** un varón.
Well, I can tell you now: **you'll** have a boy.

1916- Cerrado – *Closed (Masculine)*

No puedo creerlo, el negocio está **cerrado**.
I can't believe it, the store is **closed**.

1917- Conocerte – *Meet you*

Nunca olvido el día en el que pude **conocerte**.
I never forget the day in which I **met you**.

1918- Hablé – *I talked*

Hablé con tus padres; ¡nos casamos en enero!
I talked to your parents; we're getting married in January!

1919- Menor – *Less/Younger/Youngest*

Soy el hermano **menor** entre mi familia.
I'm the **youngest** sibling in my family.

1920- Querría – *Would want*

Ella **querría** que tú, su hijo, lograras tus sueños.
She **would want** you, her son, to accomplish his dreams.

1921- Imagino – *I imagine*

Imagino que ya tienes en mente un reemplazo, ¿no?
I imagine you have a replacement in mind, yes?

1922- Genio – *Genius (Masculine)*

Mi hijo es un pequeño **genio**, lo amo.
My son is a little **genius**, I love him.

1923- Principiante – *Beginner*

¿Puedes explicarme bien? Apenas soy un **principiante**.
Can you explain properly? I'm barely a **beginner**.

1924- Oigo – *I hear*

Cuando **oigo** esa música, inmediatamente me transporta.
When **I hear** that music, it immediately takes me away.

1925- Pongo – *I put*

Y si me **pongo** este vestido, ¿qué tal me veo?
And if **I put** on this dress, how do I look?

1926- Niñas – *Girls*

Hola **niñas,** ¿van a salir esta noche?
Hello **girls,** are you going out tonight?

1927- Muévete – *Move*

¡Vamos, **muévete**, tenemos que llegar a tiempo!
Come on, **move,** we have to arrive on time!

1928- Opción – *Option*

Tenemos la **opción** de irnos juntos ahora mismo.
We have the **option** to leave together right now.

1929- Tribunal – *Court*

Por ese pequeño error, me llevaron al **tribunal.**
For that small mistake, I was taken to **court.**

1930- Tenéis – *You have (Formal)*

Vos **tenéis** unas agallas impresionantes, hombre.
You **have** some amazing guts, man.

1931- Lago – *Lake*

Vayamos a pescar al **lago,** hay buen tiempo.
Let's go to fish at the **lake,** the weather's good.

1932- Unidad – *Unity*

Necesitamos seguir adelante con **unidad** para triunfar.
We have to go forward with **unity** to triumph.

1933- Abierta – *Open (Feminine)*

La puerta está **abierta** si deseas volver acá.
The door is **open** if you wish to return here.

1934- Efecto – *Effect*

El **efecto** de sonido asustó al público en el cine.
The sound **effect** scared the audience in the cinema.

1935- Presión – *Pressure*

Hay mucha **presión** para que renuncies, señor.
There is a lot of **pressure** for you to resign, sir.

1936- Varias – *Several (Plural, Feminine)*

Hay **varias** razones para que continuemos el trabajo.
There are **several** reasons for us to continue our work.

1937- Robo – *Robbery*

Hubo un alboroto por el **robo** en la estación.
There was a commotion because of the **robbery** at the station.

1938- Saldrá – *Will go out*

Mi mama **saldrá** esta noche, ¿quieres venir?
My mother **will go out** tonight, want to come over?

1939- Veía – *Looked*

Ella se **veía** muy bien con maquillaje.
She **looked** very nice with makeup on.

1940- Quedado – *Been*

He **quedado** sorprendido por estos acontecimientos.
I've **been** left amazed by these events.

1941- Alcalde – *Mayor*

El **alcalde** de la ciudad decretó día feriado hoy.
The **mayor** of the town decreed today as an official holiday.

1942- Empleo – *Job*

Quiero encontrar un **empleo** para ayudar a mi familia.
I want to find a **job** to help out my family.

1943- Pollo – *Chicken*

Traje **pollo** para que almorcemos juntos.
I brought **chicken** so that we can have lunch together.

1944- Whisky – *Whiskey*

Esta noche quiero tomar unos tragos de **whisky**.
Tonight I want to drink a few shots of **whisky**.

1945- California – *California*

Mi tío en **California** va a hospedarnos unos días.
My uncle in **California** will have us over a few days.

1946- Carretera – *Highway*

La **carretera** es larga y no hay donde pararse para orinar.
The **highway** is long and there's nowhere to stop and pee.

1947- Sábado – *Saturday*

Me gustaría que culminemos esto antes del **sábado** mismo.
I'd like to finish this no later than **Saturday** itself.

1948- Aeropuerto – *Airport*

Si quieres, te puedo llevar al **aeropuerto** mañana.
If you want, I can take you to the **airport** tomorrow.

1949- Jodido – *Fucking*

Este **jodido** idiota nos ha dañado los planes de hoy.
This **fucking** idiot has ruined our plans for today.

1950- Pobres – *Poor (Plural)*

Esos **pobres** animales van a pasar la Navidad sin un techo.
Those **poor** animals will spend Christmas without a roof.

1951- Medicina – *Medicine*

Mi hija ya está en sexto semestre de **Medicina**.
My daughter is already in her sixth semester of **Medicine**.

1952- Llevará – *Will carry/Will take*

Ella **llevará** a nuestro hijo al hospital; yo voy luego.
She **will take** our son to the hospital; I'll go later.

1953- Gratis – *Free*

¿Es **gratis** el Wi-Fi en este hotel?
Is the Wi-Fi in this hotel **free?**

1954- Cae – *Falls*

Si el gobierno **cae,** va a haber grandes celebraciones.
If the government **falls,** there will be huge celebrations.

1955- Fortuna – *Fortune*

Costará una **fortuna** reparar esos daños.
Those damages will cost a **fortune** to repare.

1956- Castillo – *Castle*

Quiero que seas la princesa de mi **castillo,** mi amor.
I want you to be the princess of my **castle,** my love.

1957- Nieve – *Snow*

Quiero ir a un país donde haya **nieve** y haga frío.
I want to go to a country that's cold and has **snow.**

1958- Busco – *I'm looking for*

Busco una empleada doméstica que sea responsable.
I'm looking for a housemaid that is responsible.

1959- Riesgo – *Risk*

No hay **riesgo** en que inviertas en esto.
There is no **risk** in investing in this.

1960- Alemán – *German (Masculine)*

Voy a aprender **alemán** este año entrante.
I'm going to learn **German** this coming year.

1961- Sucio – *Dirty*

¡Limpia eso, está todo **sucio** y maloliente!
Clean that, it's all **dirty** and smelly!

1962- Idiotas – *Idiots*

¡Esos **idiotas** no hacen nada bien, tráigalos ahora mismo!
Those **idiots** don't do anything right, bring them here now!

1963- Guerrero – *Warrior*

El **guerrero** legendario derrotó al malvado ogro.
The legendary **warrior** defeated the evil ogre.

1964- Conversación – *Conversation*

Quiero que tengamos esa **conversación** muy anticipada.
I want us to have that long-awaited **conversation.**

1965- Fuese – *Would be*

Si no te hubieses ido a otro país, todo **fuese** mejor.
If you hadn't gone to another country, it **would be** better.

1966- Comienzo – *Start/Beginning*

Esto es solo el **comienzo** de algo increíble entre nosotros.
This is only the **beginning** of something incredible between us.

1967- Pasé – *I passed*

Tengo buenas noticias: ¡**pasé** todos los exámenes!
I've got good news: **I passed** all the exams!

1968- Encontraron – *Found (Plural)*

Los policías **encontraron** vivo al niño desaparecido.
The police **found** the missing boy alive.

1969- Elección – *Election/Choice*

No tuvimos **elección** en lo que hicimos ayer.
We didn't have a **choice** in what we did yesterday.

1970- Ey – *Hey*

¡**Ey,** tú! ¡Deja de hacer eso en mi césped!
Hey, you! Stop doing that on my lawn!

1971- Salgan – *Leave*

Salgan todos; ustedes dos quédense sentados.
Everybody **leave;** you two stay sitting there.

1972- Carro – *Car*

Tengo un **carro** muy parecido a este en casa.
I have a **car** very similar to this one at home.

1973- Piensan – *They think*

Piensan que me voy a rendir; están equivocados.
They think I'm giving up; they're wrong.

1974- Rostro – *Face*

Mi **rostro** está aún delicado por el tratamiento médico.
My **face** is still delicate from the medical treatment.

1975- Razones – *Reasons*

Tengo muchas **razones** para sentirme así contigo, la verdad.
In truth, I have many **reasons** to feel that way with you.

1976- Fue – *It was*

Me encantó este viaje a tu lado, **fue** genial.
I loved this journey at your side, **it was** great.

1977- Propiedad – *Property*

No puedes dañar este edificio, es **propiedad** del Estado.
You can't damage this building, it's State **property.**

1978- Mundial – *World*

Todos esperamos la copa **mundial** con muchas ansias.
We're all expecting the **World** Cup with a lot of excitement.

1979- Familiar – *Family*

Voy a comprar una pizza tamaño **familiar** para almorzar.
I'm going to buy a **family** size pizza for lunch.

1980- Libras – *Pounds*

Aquí, los recuerdos cuestan diez **libras** cada uno.
Here, the souvenirs cost ten **pounds** each.

1981- Hablemos – *Let's talk*

Hablemos sobre tu futuro: ¿qué piensas hacer ahora?
Let's talk about your future: what do you want to do now?

1982- Pedazo – *Piece*

Este es el último **pedazo** de torta, disfrútalo.
This is the last **piece** of cake, enjoy it.

1983- Continúa – *Continues*

El mundo **continúa** siendo destruido, ¡salvémoslo!
The world **continues** to be destroyed, let's save it!

1984- Cola – *Tail/Line*

Estuve toda la mañana en una **cola** en el banco.
I was stuck in a **line** in the bank all morning.

1985- Enemigos – *Enemies*

Nuestros **enemigos** no podrán con nosotros, ya verás.
Our **enemies** can't handle us, you'll see.

1986- Marca – *Brand*

Esa **marca** de ropa es de muy buena calidad.
That **brand** of clothing is of very good quality.

1987- Líder – *Leader*

Soy el **líder** de este grupo, ¿qué quieres con nosotros?
I'm the **leader** of this group, what do you want from us?

1988- Hablan – *Speak (Plural)*

Mis padres no se **hablan** entre ellos; están separados.
My parents don't **speak** to each other; they're separated.

1989- Durmiendo – *Sleeping*

El jefe está **durmiendo** en su oficina, ¿qué deseas?
The boss is **sleeping** in his office, what do you require?

1990- Socorro – *Help*

¡**Socorro**! ¡Se nos quema la ciudad! ¡Ayúdenos!
Help! Our city is burning! Help us!

1991- Fútbol – *Football*

Soy un fanático del mejor deporte del mundo: el **fútbol**.
I'm a fan of the biggest sport in the world: **football**.

1992- Detalles – *Details*

Quiero afinar los últimos **detalles** antes de comenzar.
I want to tune the final **details** before starting.

1993- Hiciera – *Do*

¡Rayos! ¡Hiciste que **hiciera** eso y salió mal!
Crap! You made me **do** that and it came out wrong!

1994- Recibido – *Received (Masculine)*

Fui **recibido** por una audiencia asombrosa; fue impresionante.
I was **received** by an impressive audience; it was unbelievable.

1995- Tesoro – *Treasure*

La familia es un gran **tesoro**, valórala siempre.
Family is a valuable **treasure**, always appreciate it.

1996- Camisa – *Shirt*

La **camisa** que compré se encogió en la lavadora.
The **shirt** I bought shrunk in the washing machine.

1997- Tomás – *Thomas*

Tomás es un hombre justo, él te ayudará.
Thomas is a just man, he'll help you out.

1998- Comienza – *Begins*

Así **comienza** nuestro fracaso, con situaciones como esta.
That's how our failure **begins,** with situations like this.

1999- Conducir – *Drive/Driving*

Voy a empezar a **conducir** el auto de la casa.
I'm going to start **driving** our family car.

2000- Andar – *Walk/Tread*

¡Gracias por dejar a tus ojos **andar** por estas páginas!
Thanks for letting your eyes **tread** on these pages!

MORE FROM LINGO MASTERY

Do you know what the hardest thing for a Spanish learner is?

Finding *PROPER* reading material that they can handle…which is precisely the reason we've written this book!

Teachers love giving out tough, expert-level literature to their students, books that present many new problems to the reader and force them to search for words in a dictionary every five minutes — it's not entertaining, useful or motivating for the student at all, and many soon give up on learning at all!

In this book we have compiled 20 easy-to-read, compelling and fun stories that will allow you to expand your vocabulary and give you the tools to improve your grasp of the wonderful Spanish tongue.

How **Spanish Short Stories for Beginners** works:

- Each story will involve an important lesson of the tools in the Spanish language (Verbs, Adjectives, Past Tense, Giving Directions, and more), involving an interesting and entertaining story with realistic dialogues and day-to-day situations.
- The summaries follow: a synopsis in Spanish and in English of what you just read, both to review the lesson and for you to see if you understood what the tale was about.
- At the end of those summaries, you'll be provided with a list of the most relevant vocabulary involved in the lesson, as well as slang and sayings that you may not have understood at first glance!
- Finally, you'll be provided with a set of tricky questions in Spanish, providing you with the chance to prove that you learned something in the story. Don't worry if you don't know the answer to any — we will provide them immediately after, but no cheating!

We want you to feel comfortable while learning the tongue; after all, no language should be a barrier for you to travel around the world and expand your social circles!

So look no further! Pick up your copy of **Spanish Short Stories for Beginners** and start learning Spanish *right now*!

FREE SPANISH VIDEO COURSE

LEARN OVER 200 USEFUL WORDS AND PHRASES IN SPANISH

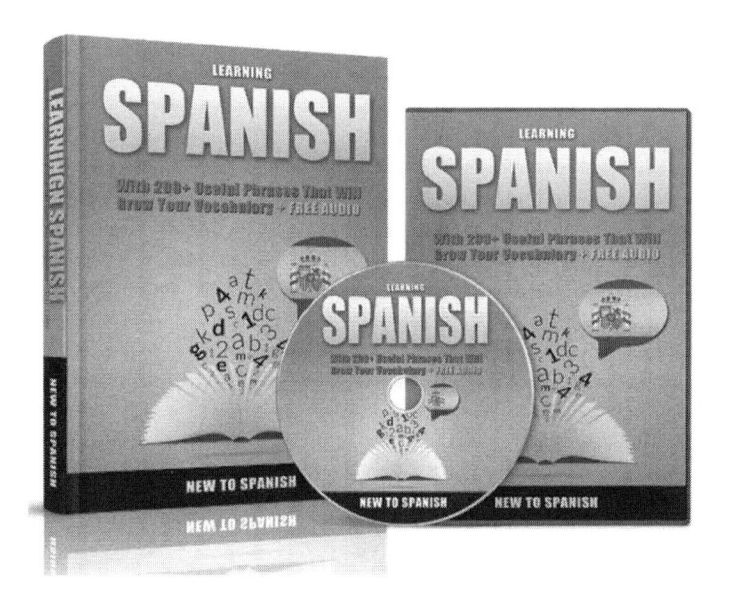

We've made this video course free,
with you as learner in mind.
You will learn how to say and pronounce
over 200 useful phrases in Spanish.

Get it while it's available at

www.LingoMastery.com/freespanish

CONCLUSION

And thus, we've finally reached the very end of this wonderful list of the **2000 Most Common Words in Spanish!** Be glad: your vocabulary has been greatly increased, and as we mentioned before, if you've properly studied these words then you will have developed your understanding of non-fiction to 84%, your fiction to 86.1%, and your oral speech to 92.7%. Those are incredible numbers, considering how important the understanding of vocabulary is when learning a new language and using that to communicate in new languages and with different cultures.

While you've read this great list, you may have noticed the similarities and differences between our beloved English and the Spanish tongue — primarily among the differences is the strong use of genders for words. Make sure to practice this and ensure that you're using the correct term for what you're saying to avoid any misunderstandings!

I am happy to have helped you with your practice of Spanish and hope to see you again soon; we'll surely meet again in future books and learning material.

So take care and study hard, and don't forget the 4 tips we gave you at the beginning if you want to become a Spanish pro!

1. Practice hard!
2. Don't limit yourself to these 2000 words!
3. Grab a study partner!
4. Write a story!

With that said, we've covered every single thing. Now go out and learn some more Spanish — you're already more than halfway there!

PS: Keep an eye out for more books like this one; we're not done teaching you Spanish! Head over to www.LingoMastery.com and read our free articles, check out our **Youtube channel** and sign up for our newsletter. We give away so much free stuff that will accelerate your Spanish learning and you don't want to miss that!

THANKS FOR READING!

Made in the USA
Columbia, SC
17 September 2023